RENKOU LAOLINGHUA
JINCHENG ZHONG DE
SHIWU XIAOFEI BIANHUA YANJIU

———JIYU CHNS WENJUAN DIAOCHA

人口老龄化进程中的食物消费变化研究

——基于CHNS问卷调查

邓婷鹤 著

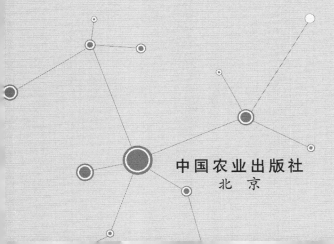

中国农业出版社

北京

摘　要

随着我国社会人口老龄化问题日趋严重，老年人口的食物消费变化将极大地影响未来食物供需格局。人们普遍认为：老年人口身体机能下降、身体活动量减少、总体健康状况变差，导致了食物消费量下降。从全社会食物消费总量来看，上述观点无疑是正确的。老龄化程度的加深会减少食物消费，但仅仅停留在这种总体判断是不够的，需要进一步细化分类，因为总体判断往往会掩盖分类判断的异态。所以，我们应当既看到食物消费的总体变化，也看到分类变化，尤其是要理解总体变化的原因，做到"知其然"并知其"所以然"。

为此，本项研究（本书）将回答以下问题：在过去几十年中，我国人口老龄化进程中各类食物变化相同吗？如果不相同，那么老龄化影响食物消费可能的机制有哪些？接下来，在考虑老龄化的城乡、性别和地区特点后上述影响（变化）是否存在显著差异？然后，结合各类食物消费变化特点，判断未来各类食物需求如何变化。

本书基于 CHNS 微观数据，对上述问题进行系统性研究。首先，从客观事实描述、文献综述出发，阐述我国老年人口和非老年人口各类食物消费的差异，厘清老龄化因素在食物消费变化中的作用；其次，基于人口结构转变理论和消费理论，分析人口结构变化（老龄化）对食物消费的影响，并结合我国老龄化特点，进一步分析城乡、性别和地区之间老龄化差异对食物消费的影响；再次，采用 CHNS1997—2011 年的面板数据进行实证分析，旨在检验我国老龄化是否是食物消费变化的决定因素，并进一步利用 CHNS 数据从城乡、性别和地区差异视角进行实证研究，验证老龄化对食物消费的影响在城乡之间、性别之间和地区之间是否一致；最后，在以上研究的基础上判断未来各类食物消费需求的变化趋势。

通过理论和实证分析，总体来看，笼统地认为老龄化减少食物消费的观念需要修正。从消费水平来看，仅有主食和基本生活副食（谷物、蔬菜和畜禽肉类）的消费随着年龄增加而下降；相反，营养性副食（水果、蛋类、水产品和豆类）的消费小幅度增加，奶制品消费增幅尤其显著。从消费结构来看，红肉（畜肉）消费减少而白肉消费（禽肉和水产品）增加；细粮消费减少而粗粮消费增加。细分后的各类食物消费变化受到城乡、性别和地区等因素的影响是动态变化的。具体来看，我国农村人口老龄化程度大于城市，老龄化过程中农村居民食物消费下降不仅体现在主食和基本生活副食上，还体现在营养性副食消费上；未来城乡居民的营养性副食（水果、禽肉和水产品）消费差距在老年阶段有所扩大。老龄化高龄阶段呈现女性化的特点，未来需更多关注女性食物消费的变化，尤其是农村高龄女性的营养副食消费的变化。东部地区人口老龄化程度大于中西部地区，老龄化过程中东部和中西部地区食物消费变化趋势一致，仅有部分食物（水果和奶制品）由于中西部农村居民消费在老年阶段下降，地区消费差距有所增大。

With the increase of population, the aging popu-
lation will increase, and the change of food consump-
tion will greatly affect the future food demand and sup-
ply pattern. The aging has decreased body function,
reduced physical activity, poor overall health, and
decreased food consumption. From the perspective of
the whole society, the deepening of aging will reduce
food consumption. Although the above point of view is
undoubtedly correct, but stay in this overall judgment
is not enough, you need to further refine the classifica-
tion. The general judgment tends to cover up the differ-
ences of classification and judgment. The overall con-
sumption of food is the result of a variety of food con-
sumption changes, therefore, we should not only see
the overall changes, but also to see changes in classi-
fication.

Therefore, this study will answer the following
four questions: First, In the past few decades,

Has the same impact of different kinds of food in

the China's aging? Second, If the impact is different, what are the possible mechanisms that affect the consumption of food? Third, considering the aging characteristics of urban and rural, sexuality and region, the impact of aging is the same? Finally, combined with the characteristics of the kinds of food consumption, How to determine the future of various types of food demand?

In order to answer the above questions, based on CHNS, this paper makes a research. First of all, the paper will compare the differences in the various types of food consumption between old and the young to get the effect of aging on food consumption. Secondly, we use the panel data of CHNS1997 - 2011 to test whether the aging of our country is the determinants of food consumption changes. Then, based on the theory of population structure change and consumption, we analyze the effects of demographic change (aging) on food consumption. Comparing the effect of the difference between urban and rural, gender and region on food consumption, we analyze the mechanism of food consumption in the process of aging. Thirdly, we compare the impact of aging on food consumption in urban and rural, between gender and region. Finally, based on the studies, we determine the changing trend of various types of food.

Through theoretical and empirical analysis, the results are as follows: Firstly, the idea of aging to reduce food consumption is considered to be revised. We find that only the staple food and basic non-staple food (grains, vegetables and poultry meat consumption) showed a downward trend; on the contrary, the trophisim non-staple food (fruit, eggs, aquatic products and beans) consumption increase, especially dairy products increase significantly. Red meat (livestock meat) consumption reduces and white (Poultry and aquatic products) consumption increase. Flour and rice consumption reduced while the coarse grains increased. The change of food consumption is influenced by the factors of urban and rural, gender and region. Specifically, the degree of population aging in rural is larger than the city, the food consumption of rural residents in the process of aging is not only reflected in the decline of staple food and basic non-staple food, but also reflected in the consumption of non-staple food nutrition. The consumption gap of nutrition on non-staple food (fruit, poultry and aquatic products) in urban and rural has widened in the old stage. We also need to pay attention to the rural elderly in the non-staple food consumption. Aging in China shows the characteristics of women, women need more attention to changes in food consumption in the future, especially in the rural elderly. The aging degree of the eastern region of China is larger than that of the central and western regions, and the trend of food consumption in the eastern and central and western regions is consistent with that in the aging process. On the one hand, Most of the food consumption gaps have not expanded. On the other hand, some of the food (fruits and dairy products) due to the consumption of rural residents in the Midwest in the old stage of decline, the regional consumption gap has increased.

目 录

图表目录

第1章 导论

1.1 研究背景及意义

1.1.1 研究背景

在全球人口老龄化背景下，老龄化是经济社会发展所必须考虑的重要因素之一。从消费需求来看，人口结构的变化会引发与人口相关的各种消费需求的变化、消费支出的变化，最终引发市场供给资源配置等方面的变化。作为重要消费内容的食物消费，老龄化对其影响亦是如此，尤其是在我国老年人口基数大、老龄化速度快、高龄化程度高等特点下，未来食物消费将如何变化值得关注。

与发达国家相比，我国的人口老龄化进程更快且呈现出自己的特点。衡量人口老龄化的速度通常采用一定时期内老年人口比例的增长率或老年人口比例从一个比例上升到另一个比例所用的时间两个标准。如果看老年人口比例的增长率，中国的人口老龄化呈现加速特征：1950—1980 年这 30 年期间，中国 65 岁及以上人口比例年平均仅提高 0.02％；1980—2010 年这 30 年期间，该比例年均提高 0.12％。预计 2010—2025 年，中国 65 岁及以上老年人口比例将年均提高 0.34 个百分点，仅次于日本过去 30 年人口老龄化的速度（郑伟等，2014）。伴随着我国加速的老龄化进程，我国人口老龄化还具有以下几个特征：一，"未富先老"，在中低等收入水平就进入老龄化社会；二，城乡差异明显，我国老龄化过程中农村的老龄化程度大于城镇；三，地区差异明显，2015 年全国 1.5％人口抽样调查数据显示，现有的 34 个省级行政区中，重庆市的人口老龄化率最高，且人口老龄化率超过

10％的省份有 10 个，发达省份的老龄化程度较为严重；四，女性的平均寿命高于男性，在高龄阶段女性的比例更高；五，随着老年人居住形式变化，我国家庭结构呈现小型化。

老年人口增加导致食物消费变化将极大地影响未来食物需求和供给格局。国家统计局 2015 年数据显示，我国 60 岁及以上人口 2.2 亿人，占人口比重的 16.1％；65 岁及以上人口 1.4 亿人，占人口比重的 10.5％。杜鹏等（2005）预计，到 2050 年我国 60 岁及以上人口达 4.3 亿人，占 31.3％；65 岁及以上人口 3.2 亿人，占 23.2％。中国消费者协会 2013 年对我国老年人口日常消费的调查显示：食物消费是我国老年人口主要消费之一，占日常消费支出的 65.3％。由于老年人口食物消费有别于其他群体，其表现为老年人口的器官功能出现不同程度的衰退：牙齿缺损、咀嚼功能和消化吸收能力下降，加上骨量丢失、关节及神经系统退行性病变等问题，使得老年人口对能量、营养素的需求发生改变，折射到食物消费上即为消费水平和消费结构的改变，影响到未来食物供给。

1.1.2　研究问题

在人口老龄化与食物消费研究方面，人们普遍认为，老年人口身体机能下降、身体活动量减少、总体健康状况变差等因素导致食物消费水平下降。从全社会总量角度来看，老龄化程度的加深会减少食物消费。但仅仅停留在这种总体判断上还是不够的，需要进一步分类细化明晰，因为食物的总体消费水平是各类食物消费"此消彼长"变化后的合力结果，这意味着总体判断往往会掩盖分类判断的异态。因此，我们应当既看到总体变化，也看到分类变化，尤其是要明了导致总体变化的原因，做到"知其然"并知其"所以然"。

年龄的增长常常伴随着经验的增加、心智的成熟、健康意识的增强等（骆为祥等，2011）。虽然老年人口健康状况变差，但健康意识逐渐增强，能有意识地通过合理膳食来改善个体健康。所以，老龄化对细分后的各类食物消费的影响不能一概而论，比如从畜产品为代表脂肪含量相对较高的食物消费会随年龄减少，而对于乳制品和鱼类这类高蛋白食物消费未必会减少。换言之，老龄化对于细分后各类食物的影响未必会出现一致的因果关系。

国际上有关老龄化影响消费的研究多数以发达国家为研究样本，针对发展中国家的研究较少，这主要是因为发达国家人口老龄化程度普遍高于发展中国家。即使在对发达国家的研究中，得到的研究结论也莫衷一是。有些研究认为老龄化有助于消费增加（Hurd et al.，1982；Erlandsen，2008），有些研究认为老龄化阻碍消费增加（Bloom et al.，2001；Ram，1982）；甚至有一些研究认为两者之间没有关系（Smeeding，1986），而这其中专门针对老龄化对食物消费影响的研究较少。

国内关于老龄化与食物消费变化的研究，向晶（2012）、曹志宏等（2012）、钟甫宁等（2012）、白军飞等（2014）等都做了相关研究（参见"文献综述"），但有些因素没有纳入考虑：第一，在食物消费变化研究中，更多地考虑经济因素诸如收入影响，而较少考虑其他因素的影响（比如老年人健康状况、受教育程度和医疗保险等）；第二，没有很好地考虑我国老龄化过程中的城乡、性别和地区差异这些特点，因而未能揭示老龄化影响的差异性；第三，对各类食物消费缺乏系统研究。研究多选取具体某一类食物（粮食或者肉类等）考虑老龄化影响，忽视食物消费之间的相互关系。

因此，本项研究（本书）将在食物消费细分后试图深入回答以下几个问题：在过去几十年中，我国人口老龄化进程中各种食物的变化相同吗？如果不相同，那么老龄化影响食物消费可能的机理有哪些？接下来，在考虑老龄化的城乡、性别和地区特点后上述影响（变化）是否存在显著差异？最后，基于上述分析，判断未来各类食物消费需求如何变化。

1.1.3 研究意义

（1）理论意义

本项研究（本书）提供了分析人口老龄化对食物消费影响的理论框架，对老龄化进程中各类食物消费需求变化及未来变化趋势进行分析，一定程度上弥补了理论界对老龄化背景下，系统分析食物消费需求变化的不足，目前讨论我国人口老龄化与食物消费之间关系的有向晶（2012）、白军飞等（2015）、曹志宏等（2010）、李辉尚（2015）等的相关研究，但这些研究并没有回答在 1.1.2 中提出的问题。因此，本项研究（本书）的结论将立足我国国情，构建老龄化对食物消费影响的分析框架，试图弥补以往研究不足，丰富该领域研究成果。

（2）现实意义

本项研究（本书）在考虑人口老龄化特点的基础上，系统分析了老龄化对细分后各类食物消费的影响，对于判断未来食物消费需求变化，调整农业生产布局、提高和改善老人福利以及相关政策的制定，提供理论和现实依据。我国作为人口众多的发展中国家，未来加速的老龄化进程将会在多大程度上影响食物消费需求，未来食物供给资源的配置和农业生产布局该如何调整？不能忽视的是：我国"城乡二元经济结构"导致城镇居民食物消费习惯与农村居民截然不同；区域发展不平衡也带来了食物消费区域性特征显著；不同性别消费行为差异明显等，综合考虑这些因素来判断未来各类食物消费需求的变化，可以在一定程度上为未来食物和相关农业产业政策的制定提供借鉴。

本项研究（本书）结论对发展中国家也具有一定的借鉴作用。目前有关老龄化与食物消费的研究更多地集中在发达国家，其研究结果、经验证据更多的是解释发达国家的现象。由于发展中国家与发达国家处于不同发展阶段，无论在老龄化程度上，还是在经济发展水平上都存在差异，适用于发达国家的经验理论不一定适用于发展中国家，因此，本项研究结果也可为发展中国家相关领域的研究提供较好的借鉴。

1.2 概念界定

人口老龄化：国际上的通常看法是，当一个国家或地区 60 岁以上老年人口占人口总数的 10%，或 65 岁以上老年人口占人口总数的 7%，即意味着这个国家或地区的人口处于老龄化社会。罗淳（2001）对老龄化的定义如下：从人口（统计）学角度看，"老龄化"归纳为两层涵义：一是指"比例扩张"（Increase in the relative population of the elderly），二是指"增龄过程"（Increase of median age or mean age）。前者是指因少儿人口递减或老年人口递增所引起的老年人口在总人口中所占比例（或份额）不断扩张的人口学效应；后者是指年龄随时间递增之意，只是这里的年龄不是指个体的寿命或岁数，而是指人口群体的"中位年龄"或"平均年龄"。

本项研究中的人口老龄化概念采用第二种解释，即"增龄过程"。为了描述增龄过程，研究没有聚焦个体自身年龄的变老，而是将样本按年龄分组，通过对比从年轻群体过渡到年老群体的期间变化来刻画老龄化的动态增龄过程。研究将 60 岁及以上的个体称之为老年人。

食物消费：根据《中国食物成分表》的食物分类标准，本项研究从大类角度对食物消费进行分析，所涉及的食物具体包括谷物、豆类、蔬菜、水果、畜肉、禽肉、奶制品、蛋类和水产品 9 类食物，各类食物具体处理方法在本章后面有详细介绍。与此同时，依据《中国居民膳食指南（2016）》和中国营养协会老年分会 2010 年针对老年人的平衡膳食宝塔，本项研究将各类食物归纳为主食、（低层次）基本生活副食和（高层次）营养副食。主食即为谷物，基本生活副食包括豆类及其制品、畜肉、蔬菜和蛋类，营养副食包括禽肉、奶制品、水果和水产品。

食物消费大体可分为在家消费和在外消费两部分，涵盖消费水平（量）和消费结构两个方面。本项研究中的食物消费包括消费水平和消费结构，具体衡量采用 CHNS 数据中个体连续 3 天在家和在外各类食物的平均消费量，需要说明的是：本项研究中消费水平仅指消费数量的概念，并没有涉及消费质量的含义。

1.3 文献回顾及评论

1.3.1 影响老年人口食物消费的主要因素

随着人口数量的增加，老龄化程度加深意味着未来老年人将会越来越多。本文献研究以老年人作为切入点，归纳总结影响老年人食物消费的主要因素，这将有助于把握老龄化过程中影响食物消费变化的主要因素。具体影响因素可归纳为老年人口的收入状况、健康状况、受教育程度、参与社会保障情况等几个方面，以下将分别展开综述。

（1）家庭规模结构

Deaton et al.（1998）认为，考虑公共品的非排他性，在一定收入约束下，人口数量更多的家庭中的其他消费支出（比如房屋和水电开支等）更低，换言之，人口数量与这类消费支出成反比；而食物消费的变化则呈现相反的变化，随着人口的增加，家庭的食物消费支出也随之增加。然而，来自现实的证据并不支持上述理论，实证结论表明，家庭人数越多，食物消费支出反而下降。Gan et al.（2003）对此给出的解释是存在"溢出效应"。即食物消费并没有特殊性，由于不同家庭成员的食物消费之间存在差异，所以食物消费的变化不会与人口变化同比例进行。通常认为在发展中国家，家庭规模越大就越贫困。因此，家庭人口数量越多，食物消费支出也就越大（即食物支出的比重在增加），但该结论受到众多批评（Perali，2008；Ricardo et al.，2001；Gould et al.，2002）。主要是因为没有考虑个体消费之间的差异，换言之，3 个老人、3 个儿童以及两个成年人和一个儿童，同样的家庭规模，消费水平一定不相同。因为老人、儿童和成年人的消费水平不同，每个家庭成员的消费能力也不同。为了解决不同成员边际消费能力不同的问题，有文献引入了"标准人"或称之为"等成人消费"的概念（Gould et al.，2002；Buse et al.，1978；Meenakshi et al.，2002），其基本思想是将老人和儿童的消费水平按照一定比例折合成标准人。对此，向晶（2013）采用此方法研究了我国人口结构变动对我国粮食消费的影响。但是，上述方法虽在一定程度上解决了不同年龄人口边际消费倾向不同的问题，却带来了另一个问题，如何确定折合系数？世界卫生组织虽然按照个体每日能量需求在理论上计算出了折合系数，但现实中个体实际消费是否一致还有待商榷。不仅如此，单纯将人口分为老年人、儿童和成年人，同一类人口的内部差异未能被很好地体现。就老年人而言，乐昕（2013）研究发现，我国老年人内部消费有很大的差异，即使以家庭为单位测量的食物消费也很难确定家庭中个体的实际消费水平。

（2）经济状况

在诸多影响食物消费的因素中，经济学家历来重视收入对食物消费的影响，在研究老年人食物消费中也不例外。个体退出劳动力市场后通常会伴随着收入减少，这是否意味着老年人将在很大程度上更容易成为收入脆弱群体？Smeeding（1986）对美国 65 岁及上老年人口调查发现：65 岁以上的老年人口的经济状况要比年轻人好。一方面，老人不需要抚养子女，减轻了经济负担；老人拥有自己的住房，不再有还贷款的压力；另一方面，Smeeding 研究样本中的老人（1986 年已经进入老龄阶段）在其年轻工作的时候正好处于美国经济的繁荣期，因此这部分老人享受了美国经济繁荣时期的红利，工作时期有更多储蓄来保障老年消费。Hurd et al.（1982）则发现，较其他年龄阶段人口而言，老年人真实收入的增长速度非常快且不容易受到通货膨胀的影响，故而提出：未来公共政策的制定需要更多关注分配领域，比如老年人口财富的分配，而非集中在老年人口的脆弱性上。虽然研究显示国外老年人经济状况会更好，但需引起重视的是：老年人群体内部差异性很大，即不同阶层、年龄、种族、性别的老年人口的经济状况差异甚大。Guttmacher（1984）对 20 世纪 80 年代美国 65 岁及上老年人口的研究发现，性别不同、人种不同和居住形式不同的老人收入状况不同。

而对我国老年人经济情况的研究更多证明：我国老年人口的经济状况不容乐观，普遍处于较低的水平。贾云竹（2001）以北京市老年人口为调研对象，发现北京市老年人口整体的经济水平不高，进一步对不同特征老年人口的研究发现，与农村老年人口相比，城市老年人口的经济状况会更好；与女性老年人口相比，男性老年人口的经济状况更好；与高龄老人相比，低龄老年人口的经济状况更好。蔡新会（2008）发现上海地区老年人的收入虽然较高但方差很大，极不稳定，主要原因是退休金和养老金。王跃生（1996）认为相比城市，农村老年人口的经济支持状况更为令人担忧。

就老年人收入对食物消费的影响不得不提"退休消费之谜"研究。经典的生命周期理论认为，理性预期消费者通过年轻时储蓄支撑年老时的消费，平滑退休后消费的边际效用，而很多针对发达国家的实证研究表明，退休后消费会显著下降（Hamermesh，1982）。该问题的早期研究认为，个体储蓄不足（Hamermesh，1982）、没有做好退休准备（Bernheim et al.，2001）以及退休后的预料外冲击（如健康恶化等）导致个体消费支出下降，进而福利受损（Banks et al.，1998）。随着研究的深入，越来越多的证据表明：对消费支出分解后，所谓"退休—消费之谜"可能只存在于与工作相关的支出（如交通、衣着等）和食物花费上，甚至只存在于食物支出上（Hurd et al.，2003）。Aguiar et al.（2005）提出退休后食物消费支出下降不等于实际消费下降，退休后时间增加，个体会用相对便宜的时间要素替代金钱，但实际食物摄入不会受到影响。我国的研究，李宏彬等（2013，2015）和邹红等（2015）采用我国统计局数据证实了退休后消费支出下降的事实，并简单地讨论了其原因和影响。

(3) 健康状况

随着经济社会发展水平的提高，人口健康状况得到极大的改善，预期寿命不断增长。与此同时，对于个体来说，随着年龄的增长，健康折旧率逐步上升，健康存量递减，健康状况下降（余央央，2012）。加之生活节奏的加快，不良的生活方式和生活环境也是导致冠心病、慢性呼吸系统疾病、糖尿病、"富贵病"等慢性非传染性疾病增多的原因。慢性非传染性疾病已经成为影响人口健康最主要的因素之一，而其中老年人口的发病率、死亡率最高。WHO（2005）发现世界老年人口的慢性病死亡率远远高于其他年龄群，60～69 岁中的死亡率为每十万人中有 1 911 人死亡，70 岁及以上的死亡率，远高于平均的每十万人中有 6 467 人死亡。刘国恩等（2011）研究发现，我国老年人口的慢性非传染性疾发病率通常是总人口发病率的 2～3 倍。不仅如此，我国老年人健康状况存在很大的城乡差异、东中西部的地域差异和性别差异（顾大男，2003）。众所周知，良好的膳食消费有助于维持个体健康，反过来，个体健康状态的好坏也会影响个体食物的选择。目前有相当多的医学专业人员专门针对患有糖尿病、高血压等疾病老人的日常膳食展开研究（蔺威鸣等，2008；张小飞等，2014；陈家儒等，2011）。

(4) 教育情况

现有关于教育与老年人的研究更多集中在教育对老年人健康的影响，而食物消费则作为教育影响健康的一个重要渠道。现有文献有关教育和健康的关系基本上认为教育会改善老年人的健康。而 Grossmand et al.（1997）和 Grossman（2000）的研究皆显示，无论是采用死亡率、残障率、躯体功能等客观健康指标还是采用自评健康、认知功能等主观健康指标，无论研究对象是微观个体还是整体人群，教育对健康都起着积极的正向作用。程令国等（2014）通过对我国老年人健康和教育之间的关系研究也发现，教育显著提高了中国老年人的健康水平和存活率。进一步探究其影响渠道发现，在饮食方面，受教育程度高的老人消费新鲜水果、蔬菜和奶制品的频率要高于受教育程度低的老人，即受教育程度越高的老人在日常生活中膳食营养将更加均衡。由于个体上有了良好的膳食习惯，所以受教育程度高的老人的疾病发生概率相对较低，比如肥胖和糖尿病等（宋爽，2012）。高霞等（2012）发现，受教育程度高的老年人对膳食知识的知晓率更高，日常膳食行为更健康，个体健康状况更好。

（5）社会保险

我国老年人的经济状况相对较差，加之我国正处于转型期，老年人未来面临的不确定性更大（丁志宏，2013）。有关社会保险对消费的影响主要是通过减少未来的不确定性，增加收入的稳定性来实现（沈毅等，2013；李珍等，2015；刘子兰等，2010），研究都认为其能改善老人的福利（白重恩等，2012；张川川等，2014；邹红等，2013）。部分研究集中对非耐用品（主要是食物支出）的变化进行讨论（甘犁等，2010；白重恩等，2012；臧文斌等，2012）。农村养老保险促进农村老年人经济独立，更加倾向于独立居住，对子女的依赖减弱，这些变化会在一定程度上影响老年人食物消费（陈合国等，2013）。对农村医疗保险和食物消费之间关系认为，新型农村合作医疗保险将显著增加居民热量、碳水化合物以及蛋白质等营养的摄入量（马双等，2010）。

1.3.2 人口老龄化影响食物消费的机理及实证研究

从现有文献来看，专门讨论人口老龄化对食物消费的研究较少。现有研究更多地讨论老龄化对个体各类消费的影响，只在其中涉及食物消费；即使讨论涉及食物消费仅停留在证实是否存在影响，对于可能影响渠道的讨论较少。研究通过人口老龄化对消费影响文献的梳理总结，试图对食物消费的研究提供启发。

人口老龄化对消费的影响机制可归纳为以下 3 个方面：第一，研究认为老龄化通过老年抚养比、少儿抚养比和总负担系数这 3 个途径影响消费变化。毛中根等（2013）研究发现，我国城市老年抚养比会显著影响消费水平，而对农村影响不显著；少儿抚养比则对城乡消费水平都产生正向作用。王宇鹏（2011）认为老年抚养比会显著增加个体的边际消费倾向，进而增加消费水平。与上述截然不同的结论可能源于前者只考虑档期消费变化，后者考虑两期动态消费变化。第二，老龄化对消费的影响通过老年人生活来源的变化实现。较城市而言，农村老人生活来源较为单一，消费水平较低；而城市老人生活来源较为广泛且固定，消费水平较高（杜鹏等，2014）。多数观点认为老年人经济水平较差，自然消费水平低，而乐昕（2013）发现我国老人在高龄阶段的消费增加。第三，老龄化对消费的影响通过老年人的健康影响消费。随着年龄增加，老年人健康变差的缘故。一些研究认为随着年龄增长，发病率增加，健康变差（发病率扩张假说，Grunenberg，2005），进而增加老人消费水平，这主要是医疗消费的增加。一些研究认为随着年龄增长，健康生命时间增加，发病率降低，健康状态良好（发病率缩减假说，Fries，2009）对消费水平影响不大。

1.3.3　我国未来食物消费需求变化趋势

现有的文献，对于食物消费变化的趋势判断的研究可以归纳为两个方面：一方面，将研究重点聚焦在粮食上，具体涉及粮食供求及食物战略方面的研究。如中国粮食供求状况、供需平衡、预测及农产品市场（马晓河，1997；李哲敏，2008；朱希刚，

2004)。另一方面的研究聚焦在粮食之外的某一类具体的副食消费上。中国食物消费已经进入转型期，除口粮消费下降外，其他农产品消费还将增长，中国的食物消费水平随着收入的增加而增长；城镇居民的食物消费大于农村居民（梁书民等，2006）。未来食物消费将趋于稳定或进入缓慢增长阶段，在肉类植物油和食糖消费上还存在较大缺口（毛学峰等，2014）。未来对畜产品和奶类消费的需求仍将继续增加（王祖力等，2012；程广燕等，2015；许世卫，2009）。

1.3.4 现有文献评述

通过对国内外已有文献的分析发现：总体而言，国内外对老龄化与食物消费问题的研究内容涉猎广泛，视野开阔，方法多样。规范研究站位高、学术自主性鲜明，颇具建树；经验研究因其强烈的问题意识而颇具现实写照和学术关怀。尽管诸多学者对于该问题的研究做了可贵的探索，但仍有不足之处。

（1）多数研究侧重从经济因素的变化来考虑对食物消费的影响对经济因素关注不够。随着经济条件的改善，居民恩格尔系数逐渐减小，收入对食物消费的影响相对减弱，与此同时，伴随老龄化进程加速，人口结构为代表的非收入因素对食物需求的影响将逐渐增强。

（2）虽然部分文献就老龄化对食物消费的影响进行了初步探讨，但研究多集中对单一食物品种的研究，忽视了各类食物消费之间的相互影响，对系统分析老龄化背景下食物消费需求变化的研究借鉴作用有限，导致当前在我国老龄化背景下细分后各类食物变化的总体状况的研究尚显不足。

（3）缺少一个分析老龄化对食物消费影响的理论框架，同时考虑老龄化城乡倒置、高龄阶段女性化、地区间老龄化程度差异大的特点，在全面分析各类食物需求变化的研究明显不足。

1.4 研究目标与研究内容

1.4.1 研究目标

总目标：

本项研究的目标是探究人口老龄化背景下食物消费如何变化，以人口转变理论和消费函数理论为基础，理论探讨并实证分析我国人口老龄化对各类食物消费的影响机理，进而判断老龄化背景下未来各类食物需求的变化，为政府和相关部门政策的制定提供参考。

具体目标：

（1）理论上分析人口老龄化对食物消费的影响机理。

（2）证实老龄化对各类食物消费的影响是否存在，如果存在，程度如何。

（3）结合我国老龄化特点，进一步讨论上述影响是否存在城乡、性别和地区差异。

（4）总结各类食物消费的变化特点，判断未来食物消费需求的变化趋势。

1.4.2 研究内容

为达到上述目标，本项研究（本书）将围绕几个内容展开。

第一部分为我国人口老龄化过程中食物消费的变化特点（第 2 章）。首先，归纳总结我国人口老龄化过程中的特点；其次，整体考虑老年人口和非老年人口食物消费的差异，总结老年人口食物消费的特点；最后，进一步对比城镇和农村、男性和女性、东部地区和中西部地区的老年人口与非老年人口食物消费的异同。

第二部分为人口老龄化对食物消费影响的理论分析（第 3 章）。首先，基于人口结构转变理论，阐述老龄化过程中人口结构的变化；其次，运用消费经济理论构建包括人口结构变化的消费函数模型，分析人口因素变化对消费的影响；最后，结合我国人口老龄化特点，理论上分析我国人口老龄化过程中食物消费将会如何变化。

第三部分为结合我国人口老龄化特点的食物消费变化的实证研究（第 4、5、6、7 章）。首先，基于第二部分的理论分析，本部分将通过实证的方法研究老龄化与食物消费之间的关系。其次，结合我国人口老龄化特点，进一步从实证角度探究老龄化进程中各类食物消费变化在城乡、性别和地区之间的差异。

①从城乡差异视角考虑年龄对食物消费的影响。基于理论分析，从实证角度讨论人口老龄化在城市和农村居民食物消费变化中的作用，并进一步讨论在老龄化背景下未来城乡消费差距的变化趋势。

②从性别差异视角考虑年龄对食物消费的影响。基于理论分析，从实证角度讨论老龄化在男性和女性食物消费变化中的作用，进一步讨论在老龄化背景下未来性别之间消费差距的变化趋势。

③从地区差异视角考虑年龄对食物消费的影响。基于理论分析，从实证角度讨论老龄化在东部地区和中西部地区居民食物消费变化中的作用，进一步讨论人口老龄化背景下未来地区消费差距的变化趋势。

第四部分为结论与政策建议（第 8 章）。总结主要研究结论；结合主要研究结论并考虑我国现实国情，为满足我国未来食物需求提出切合实际、具有可行性的相关政策建议。

1.5　研究方法和数据说明

1.5.1　研究方法

本项研究（本书）采用的是理论探讨与实证分析相结合的方法，主要分析方法如下。

（1）描述统计分析法

研究依靠 CHNS 数据中个体连续 3 天的膳食消费信息，对比 60 岁及以上的老年人口和非老年人口（小于 60）各类食物消费变化，总结老年人口食物消费的特点。在对老年人口食物消费特征分析时（第 2 章）主要采用此方法。

（2）实证研究方法

实证方法基于理论分析，对数据中所包含的信息进一步挖掘，剔除其他干扰项，揭示数据中的本质规律。希望通过该方法达到两个目的：第一，对人口老龄化与食物消费之间是否存在关系进行检验；第二，在证实上述关系存在后，进一步探究老龄化（年龄）对食物消费的影响是否存在异质性。考虑到不同类别食物消费之间是相互联系的，不同食物方程的随机误差项之间存在相关性，本项研究（全书）采用系统估计方法"似不相关回归"（Seemingly unrelated regression，SUR）（Greene，2002）进行联合估计，分析老龄化对食物消费影响在城乡、性别和地区之间的差异程度，这将有助于提高估计的性能（第 4 章、第 5 章、第 6 章、第 7 章主要采取该方法）。

（3）对比分析法

对比分析法是通过实际组与基准组对比来显示实际情况与基准情况之间的差异。本项研究（本书）在量化分析老龄化对食物消费影响时（第 5 章、第 6 章、第 7 章），通过统计检验比较相同年龄阶段城乡、性别、地区之间食物消费的变化差异，旨在揭示老龄化对食物消费影响的差异性。以城乡为例，需考虑是否需要分别建立城市和农村两个子模型。对此，需要用"是否为农村"的虚变量乘以所有解释变量，再将该乘积变量和"是否为农村"的虚变量作为新增解释变量都放入模型，对模型估计后对所有涉及"是否为农村"虚变量的估计系数做联合统计检验，检验其是否同时等于 0。较严谨的简化方式是利用联合统计检验排除不显著的除年龄外的其他交叉变量，然后专门检验年龄对消费的影响不存在城乡间差异的假设来实现。性别和地区之间差异对比分析同上。

1.5.2 数据说明

(1) 数据来源及相关处理说明

本项研究（本书）数据主要来自中国居民健康与营养调查项目的数据（CHNS）。该调查始于 1989 年，于 2011 年增加上海、北京、重庆 3 个直辖市，并扩大各抽样省份的样本容量。CHNS 收集了个人和家庭的社会经济特征、营养和健康状况以及社区环境；调查对象连续 3 天的食物消费信息，比如每餐的就餐地点、就餐种类及数量以及就餐人数。最重要的是该调查详细记录了家庭中每人每天消费各种食物的具体情况。这为比较不同年龄个体的具体食物消费提供了重要的数据保障。

对于食物种类的划分，调查数据在中国健康与营养调查项目中（CHNS），其食物编码是与食物成分表相对应的。依照食物编码（FOODCODE）分析，1989 年、1991 年和 1993 年所用的是同一种食物编码，而 1997 和 2000 年使用的是另一种食物编码。从食物编码推断，1997 年和 2000 年采用的是 1991 年的食物编码，遗憾的是 1997 年之前采用的食物编码与出版的中国食物成分表不能匹配，故本项研究样本从 1997 年展开。1991 版食物成分表将食物分为 28 个类别，分别为：谷类及制品，干豆类及制品，鲜豆类，根茎类及制品，嫩茎叶苔花类，瓜类，茄果类，咸菜类，菌藻类，鲜果及干果类，坚果类，畜肉类及制品，禽肉类及制品，乳类及制品，婴儿配方食品及辅助食品，蛋类及制品，鱼类，软体动物类，虾蟹类，油脂类，糕点及小吃类，茶及饮料，酒类，糖及制品，淀粉类及制品，调味品类，药用食物类，杂类。

2004 年调查采用的是 2002 年出版的中国食物成分表，2006 年的调查采用的是 2004 年出版的中国食物成分表，但实际上 2004 年出版的食物成分表只是对 2002 年的补充，也就是说其食物编码不重复，故把这两个版本的食物成分表合并成一个。2009
年的调查采用的是 2006 年出版的中国食物成分表，2011 年的调
查采用的是 2009 年出版的中国食物成分表，随后中国食物成分
表的食物编码与 2004 年相比变化不大，仅是个别成分的增减。
2004 年食物成分表将食物分为 21 大类，并在每一大类下有许多
亚类，最终包括的食物有两千多种。2004 年食物编码与之前
（1991 年）相比，将鲜豆类、根茎类、嫩茎（叶、苔、花生）、
瓜类、茄果类等 5 类食物归入蔬菜类制品；咸菜归入调味品。取
消了杂类，将鱼类、软体动物、虾蟹归为鱼、虾类。我们按照上
述规则将两套食物编码统一。

　　为了便于分析，我们进一步将这 21 类食物进行归类，归类
方法参照张印武（2012）的方法。具体做法如下：首先，将这
21 大类食物划分为 18 类——米及其制品（稻米），面及其制品
（小麦），其他谷类（玉米、大麦、谷子及其他），薯类及其制品，
豆类及其制品，蔬菜类及其制品（包括菌藻类），水果类及其制
品（包括坚果及种子类），猪肉，其他畜肉，禽肉，乳类及其制
品（包括婴幼儿食品），蛋类及其制品，鱼虾蟹贝类，其他类[①]
（包括小吃、甜点、速食食品、饮料类、糖类、油脂、调味品及
其他）。

　　其次，进一步将这 18 类食物进行归类，得到 9 类：谷类、
豆类、蔬菜类、水果类、畜肉、禽肉、乳制品、蛋类、水产品和
其他类，其中谷类包括了 18 类食物的前 4 类，畜肉包括了猪肉、
其他畜肉，其他类食物和 18 类中的其他类一样。为避免不同类
别食物消费结论的零碎化，基于研究目的，考虑日常饮食习惯，
将上述 9 类食物分为主食和副食两类；依据《中国居民膳食指

---

　　① 对老年人而言，日常消费小吃、甜点、速食食品、饮料类等较少，而对于糖
类、油脂、调味品及其他食品则采用以家庭为单位记录，并没有在个人层面上记录
消费量，故在下文分析中没有过多分析其他类食品的消费情况。

南》（2016）和中国营养协会老年分会 2010 年针对老年人的平衡膳食宝塔，研究按照食物在膳食宝塔中各类别食物的层级进一步将副食分为基本生活副食和营养副食[①]。主食包括谷物，基本生活副食包括豆类、蔬菜、畜肉和蛋类，营养副食包括水果、禽类、水产品和奶制品。

（2）数据优缺点评价及对比

CHNS 膳食数据源于每个家庭食物调查和个体膳食调查两种。这两种调查都是在一周中随机选取 3 天连续进行（家庭和个体调查同时进行）。对家庭的食物调查使用食物存量法，即用称重法和记账法详细记录家庭每日的食物购进量、废弃量以及就餐人数，根据食物存量变化计算每人/每日的食物消费量。个体膳食调查使用的是 24 小时食物回顾法（24 - Hours Dietary Recall），要求被调查对象回忆 24 小时之内消费食物的种类、数量、进餐的时间地点以及制作方式等内容（程立超，2009）。

对比上述两种方法，各有优缺点。在家庭调查中，只对其食物消费调查（消费存量），没有将外出就餐计算在内，而且如果家中有人做客并在家中吃饭，不考虑就餐人数变化，单纯依照存量变化计算的人均消费会存在偏差；对个体膳食调查，个人回忆的精准与否也会造成偏差。荫士安等（1995）提出：如果每日回顾的膳食消费不典型，可能会对结果有一定影响。但是，当样本很大、膳食相对单调时，偶然误差将被分散，可以得出较为可靠的总体食物消耗量；而对于膳食多种多样且季节变化大的群体，一周的回顾调查也不足以提供可靠的正常食物消耗量。Zhaietal（1999）比较上述两种调查方法的差异，并且使用 1991 年 CHNS 的调查数据，从绝对量和相对量两个方面对两种方法进行对比分析后发现，从人均每日能量摄入量上

---

① 朱高林（2006）对比我国城乡居民食物消费差距时，基于我国居民膳食宝塔也采用上述分法。

来看，两者在绝对量上的差距是 74 千卡，相对量上的差距是 1%。

由于家庭调查中没有考虑成员外出就餐的食物消费量，现实中随着收入的增加，外出就餐已经变得越来越频繁。为了更接近个体的实际食物消费行为，本项研究采用基于 24 小时食物回顾法得到的个体膳食调查数据。另一方面，与其他人群相比，老年人口食物消费受习惯影响饮食相对稳定，这在一定程度上缓解了数据方面的不足。

为了说明采用数据的代表性和可比性，从两方面说明：其一，对研究采用 CHNS 样本的年龄结构与第六次全国人口普查数据（2010 年）得到的年龄结构进行对比；其二，对于个人连续 3 天每天食物消费回顾数据与国家统计局公布的数据、相关文献对食物消费数据调整进行对比。在此以肉类消费为例做说明。

首先，将样本数据与 2010 年第六次全国人口普查数据进行年龄结构的对比[①]。最终使用的样本数据与全国第六次人口普查的人口结构基本一致，意味着样本数据可以在一定程度上代表全国老年人口的年龄分布（表 1-1）。

表 1-1　样本数据与"第六次全国人口普查"数据的年龄结构对比

年龄组（岁）	CHNS（%）	全国第六次人口普查（%）
18~29	12.32	18.32
30~39	18.87	19.35
40~49	22.80	21.22
50~59	19.58	16.40

①　需要说明，研究数据源于 1997—2011 年 CHNS，因为国家统计年鉴没有全国分年龄组的人口数据，所以采用 2010 年第六次全国人口普查作为替代。由于大于 90 岁的样本量相对较少，故在下面的分析中将大于 90 岁样本同 85~90 岁样本统称为大于 85 岁。

（续）

年龄组（岁）	CHNS（%）	全国第六次人口普查（%）
60～69	13.75	11.97
70～79	8.29	7.71
≥80	4.39	5.03

注：来源与 CHNS 与国家统计局数据，作者整理。

其次，通过对具体食物消费数据对比。以肉类消费为例，选取 CHNS 数据中 2011 年畜肉消费量，2011 年 CHNS 记录城市居民平均每日的消费量为 99.7 克/天；农村居民平均每日的消费量为 192.6 克/天。由于国家统计局的统计数据没有考虑在外就餐的情况，这里借鉴程广燕等（2015）对城乡肉类消费推断，在对国家统计局数据修正后使得在外消费部分时期与 CHNS 数据具有可比性。具体做法是：将城乡肉类在外消费比重按在外就餐支出占食物总支出的比重计算，由于缺乏 2010—2011 年城镇居民在外就餐支出的统计数据，这两年被调查者在外消费比重按 2009 年、2012 年平均水平计算[1]，按照国家统计局折算后获得的城市居民肉类消费平均为 77.6 千克（在家平均消费 34 千克，在外消费[2] 43.6 千克），折合到每天消费为 210 克；农村居民肉类消费平均为 44.8 千克（在家消费 20.8 千克，在外消费 24.1 千克），折合到每天消费为 120 克。对比 CHNS 数据意味着 CHNS 数据相对具有代表性。

1.6　研究思路、技术路线和论文的结构

研究思路：首先，从客观事实特征、文献综述角度，梳理有关老龄化与食物消费的关系，厘清老龄化因素在食物消费中的作

---

① 具体数据参见"程广燕等，2015"。
② 在外消费量＝在家消费量/1－在外消费比重。

用；其次，结合我国人口老龄化的特点，从理论上阐述老龄化影响食物消费的机制以及该影响在城乡、性别和地区之间是否一致；再次，采用微观数据验证在我国人口老龄化背景下年龄是不是食物消费变化的决定因素以及在城乡、性别、地区之间的差异性；最后，基于我国人口老龄化背景下各类食物消费变化特点，判断未来食物消费需求的变化趋势，提出针对性的政策建议和思考。

技术路线图：

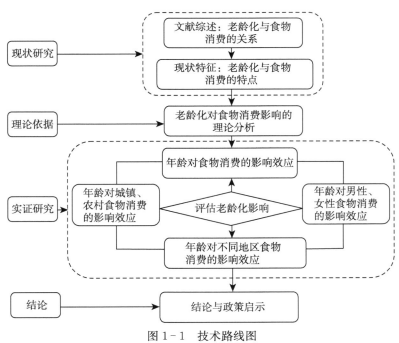

图 1-1　技术路线图

根据研究思路，本项研究（本书）做如下安排。

第 1 章：导论。主要介绍选题的原因、意义、研究目标、研究方法和国内外有关议题的研究综述。主要交代了本项研究选题的理论和现实意义、研究目标、研究范围、研究方法、数据来源和创新之处。

第 2 章：我国人口老龄化与食物消费的特征。从我国老龄化的特点出发，探讨老龄化背景下食物消费特点。通过对老年人口和非老年人口食物消费特征的描述，判断老年人口与非老年人口食物消费是否存在差异，并进一步结合我国老龄化特点展开讨论——老年人口与非老年人口食物消费的差异在城乡、不同性别和地区之间是否一致。

第 3 章：人口老龄化对食物消费影响的理论分析。首先，对人口转变理论和消费理论的形成、发展和基本分析框架进行详细梳理和介绍；其次，基于该理论，同时结合我国人口老龄化特点，从理论上阐述我国人口结构老化对食物消费影响的机理，为讨论我国人口老龄化与食物消费问题奠定理论基础。

第 4 章：人口老龄化对食物消费影响的实证检验。在控制其他可能影响食物消费的因素后，基于微观数据，实证检验老龄化对食物消费的影响。

第 5 章：人口老龄化对食物消费的影响分析：城乡视角。在我国农村人口老龄化程度高于城镇的背景下，首先，讨论城镇和农村样本年龄与食物消费的关系，并对比其中的差异；其次，讨论老龄化背景下未来城镇和农村之间食物消费差距的变化趋势。

第 6 章：人口老龄化对食物消费的影响分析：性别视角。我国高龄老人中，女性比例远大于男性。首先，考虑讨论男性和女性样本年龄与食物消费的关系，并对比其中的差异；其次，讨论老龄化背景下未来男性和女性之间食物消费差距的变化趋势，尤其关注高龄阶段的变化趋势。

第 7 章：人口老龄化对食物消费的影响分析：地区视角。我国东部沿海地区比中西部地区早 10 年进入老龄化，且东都地区老龄化程度远大于中西部。基于此，首先，讨论东部地区和中西部地区样本年龄与食物消费的关系，并对比其中的差异；其次，讨论老龄化背景下不同地区之间食物消费差距的变化趋势。

第8章：结论。

1.7 研究可能存在的创新

本项研究（本书）借鉴前人研究的成果，探讨人口老龄化对食物消费的影响，研究的主要特色和可能的创新点如下。

①在以往的研究中，较少系统地研究老龄化过程中各类食物消费的变化，因此，本项研究从研究对象上来看是一种创新尝试。

②研究认为，笼统地认为老龄化能减少食物消费的观点需要修正。细分后的食物消费受到城乡、性别、地区等因素的影响，表现出不同的变化。换言之，不同年龄、城乡、性别、地域间老年个体食物消费变化是不一致且呈动态变化的。

③在研究内容上，首先，证实了老龄化是食物消费变化的决定性因素；其次，结合我国人口老龄化的特点，进一步讨论了城乡、性别、地区之间不同的老龄化程度对食物消费的影响。

④研究方法上，采用微观（个人层面）数据，在一定程度上克服了采用宏观数据无法将消费分解到个人的困难。研究考虑了不同时期外部环境对个体食物消费的影响（时期效应，period effect），以及不同队列之间由于自身差异而导致的消费模式的不同（队列效应，cohort effect），分离年龄与消费之间的关系。

第2章 我国人口老龄化与食物消费的特点

本章内容将从我国老龄化的特点出发，探讨不同年龄阶段食物消费特点。常识上均认为老龄化程度加深，食物消费总量会减少，但细分后各类食物消费变化是否还遵循消费总量的变化规律？进一步，食物消费变化在城乡之间、性别之间、地区之间是否存在差异？为此，本章首先基于历年全国人口普查数据总结我国人口结构老化的特点，并在此基础上基于宏观消费数据分析老年人口与非老年人口食物消费的差异。

2.1 我国人口老龄化的特征

2.1.1 我国人口老龄化现状

伴随我国人口预期寿命的延长和人口生育水平的下降，两者综合作用导致我国人口年龄结构呈现出老龄化的特点。郑伟等（2014）提出我国人口老龄化主要受两个因素影响：一是经济发展带来生活水平和医疗条件的提高，在上述背景下人口的平均预期寿命自然会延长；二是政府主导的政策干预（比如计划生育政策）导致出生率下降。上述背景导致我国人口老龄化表现出一些特点。以下将从个体预期寿命、生育水平和人口结构几方面简要阐述我国人口老龄化的现状。

①我国人口预期寿命稳步上升。《2018 年我国卫生健康事业发展统计公报》发布的数据，我国人口的人均预期寿命 77 岁。根据联合国人口司的估计，1950—1955 年间，我国的人口预期寿命为 43.39 岁，稳定上升至 2010—2015 年间人口预期寿命

75.43 岁。除 1965—1970 年的人口预期寿命增幅较大，其余时间人口预期寿命增长速度稳定，而 1965—1970 年间人口预期寿命的大幅提高是对 1959—1962 年 3 年"大灾荒"影响的预期寿命的恢复（见表 2-1）。

表 2-1　我国人口预期寿命变化

年份	预期寿命（岁）	年份	预期寿命（岁）
1950—1955	43.39	1986—1989	68.63
1956—1960	44.04	1991—1995	69.39
1961—1965	44.13	1996—2000	70.59
1966—1970	55.05	2001—2005	72.85
1971—1975	61.32	2006—2010	74.44
1976—1980	65.19	2010—2015	75.43
1981—1985	67.45	2018①	77.00

注：数据源于郑伟等，2014。

②我国人口生育率自 20 世纪 70 年代以后稳定下降。联合国人口司的数据显示，我国人口的总和生育率从 1970 年以后始终呈现下降趋势，1970—1975 年间我国生育率为 4.85%；随后一直下降至 2010—2015 年的 1.55%（见表 2-2）。有关我国生育率的估计虽不相同但也基本落在一个区间内（陶涛等，2013）。通过"第六次全国人口普查"数据直接计算得出的生育率被普遍认为偏低（傅崇辉等，2013），造成上述结果的原因不仅是存在出生人口漏报等情况，还受"一孩政策"导致生育率显著下降的影响（郭志刚，2013），同时期我国计划生育委员会人口发展研究战略课题发表的《国家人口发展战略研究报告》② 中指出，"全国总

---

①　2018 年人口预期寿命数据来自《2018 年我国卫生健康事业发展统计公报》。
②　http://www.nhfpc.gov.cn/zhuzhan/zcjd/201304/85e80495d98248a9a916f4bf7132604a.shtml。

和生育率在未来 30 年应保持在 1.8 左右"。综合我国学者对生育率的估计认为，联合国人口司对我国人口生育率的估计在一个可接受范围内。一般而言，生育率达到 2.1% 则被认为达到了生育更替水平。表 2 - 2 显示，我国生育率水平表明，我国当前处于比较低的生育水平，且未来将会维持这一趋势。

表 2 - 2　我国人口生育率

年份	生育率（%）	年份	生育率（%）
1950—1955	6.11	1985—1990	2.75
1955—1960	5.48	1990—1995	2.00
1960—1965	6.15	1995—2000	1.48
1965—1970	6.30	2000—2005	1.50
1970—1975	4.85	2005—2010	1.53
1975—1980	3.01	2010—2015	1.55*
1980—1985	2.52	2015—2020	1.59*

注：数据源于 United Nations（Population Division, Department of Economics and Social Affairs），2013，World Population Prospects，The 2012 Revision。
"*"：当时的估计值。

③我国人口增长率下降导致人口结构变化，未来我国人口老龄化趋势不断加快。谈及老龄化，老年人口比例和抚养比通常是衡量老龄化程度的两个常用的指标（联合国提出的老龄化标准在对老龄化概念界定时已经说明，这里不再累述）。表 2 - 3 显示了我国老年人口比例和抚养比例的变化，从表中看，我国 65 岁及以上人口比例在 1990 年达到 5.6%，2000 年增加至 7%，达到国际上的老龄化社会标准；2010 年的人口普查数据显示，0～14 岁人口占 16.60%，比 2000 年人口普查数据下降 6.29 个百分点；65 岁及以上人口占 8.87%，比 2000 年人口普查数据上升 1.91%。截至 2017 年，0～14 岁人口占比小幅度增加，为 16.80%；65 岁及以上人口占比快速增加至 11.40%。我国人口

年龄结构的变化说明：随着中国经济社会快速发展，人民生活水平和医疗卫生保健事业的巨大改善，生育率持续保持较低水平，人口老龄化进程逐步加快。

表 2-3　我国人口结构和抚养比变化

年份	总人口数	按年龄组分类						老少比	少儿抚养比	老年抚养比
		0～14 岁		15～64 岁		65 岁以上				
		人口数	%	人口数	%	人口数	%			
1953	58 260		36.35		59.33		4.38	12.12	61.23	7.45
1964	69 458		40.72		55.77		3.61	8.85	72.85	6.45
1982	101 654	34 146	33.61	62 517	61.53	4 991	4.93	14.62	54.64	8.02
1990	114 333	31 659	27.74	76 306	66.67	6 368	5.58	20.11	41.47	8.34
2000	126 743	29 012	22.90	88 910	70.09	8 821	6.99	30.42	32.56	9.90
2010	134 091	22 259	16.63	99 938	74.54	11 894	8.89	53.43	22.34	11.90
2017	139 008	23 348	16.80	99 829	71.80	15 831	11.40	67.80	23.40	15.90

资料来源：历年《中国统计年鉴》数据整理。

进一步，我国人口增长率的变化也间接证实我国人口结构的老化。我国的人口死亡率保持在 6‰～7‰，2005 年起小幅度增加，出生率由 1985 年的 21.04‰下降至 2017 年的 12.43‰，上述两因素综合作用下导致我国人口自然增长率下降趋势显著（表 2-4）。

表 2-4　我国人口出生率、死亡率和自然增长率

年份	出生率（‰）	死亡率（‰）	自然增长率（‰）
1980	18.21	6.34	11.87
1985	21.04	6.78	14.26
1990	21.06	6.67	14.39
1995	17.12	6.57	10.55
2000	14.03	6.45	7.58

（续）

年份	出生率（‰）	死亡率（‰）	自然增长率（‰）
2005	12.40	6.54	5.89
2010	11.90	7.11	4.79
2015	12.07	7.11	4.96
2017	12.43	7.11	5.32

注：国家统计局历年《国民经济和社会发展统计公报》整理。

2.1.2　我国老龄化的特点

从历年的人口普查数据来看，我国人口老龄化主要有以下几个特征：第一，老龄化超前于现代化。与发达国家相比，我国在中低等收入时已经进入老龄化社会；第二，我国的人口老龄化速度与日本相当，而日本是目前世界公认的老龄化速度最快的国家之一，我国老龄化速度与日本相当；第三，老龄化农村大量年轻拉动力向城市转移导致农村人口老龄化程度超过城镇；第四，地区差异明显，表现为东部地区人口老龄化程度高于中西部地区；第五，女性的寿命长于男性，这将导致老龄化过程中女性比例逐渐高于男性（尤其在高龄阶段更为明显）；第六，当今老年人口更倾向于与配偶同住，这意味着传统的多代合住的"大家庭"的模式逐渐被独居取代，家庭规模逐渐缩小。

①我国城镇化和现代化的进程中，人口老龄化呈现"城乡倒置"的特点。1982 年第三次人口普查以来，随着我国农村年轻劳动力逐渐向城市转移，农村人口老龄化程度高于城镇，上述城乡人口老龄化程度的差异已经被认为是我国人口老龄化的特点之一（姚静等，2000；杜鹏等，2009）。一般而言，人口老龄化主要受 3 个因素的直接影响，即生育、死亡和迁移（杜鹏，2013）。从前两个因素来看，通常城镇具有较高的生活和医疗卫生条件，预期寿命较高；加之城乡生育政策导致城市居民的生育意愿更低，

两者综合作用导致了城镇人口生育水平下降时间比农村早。所以理论上城市的老年人口比例应该高于农村老年人口比例。但实际情况是，由于农村年轻劳动力大规模向城镇迁移，使得农村老年人口比重相对上升；而同时期内，农村年轻的生育劳动力进入城镇，城镇人口总量增加，稀释了老年人口的比例，只要未来还有农村年轻劳动力进入城市，城市的老龄化进程就会被持续放缓。陈桓（2002）发现，农村青壮年在迁入城镇的过程中，多数人同时携带妻子和儿女进入城镇，这将进一步加深农村人口老龄化的程度。李辉等（2012）预测，21 世纪前 30 年，城乡之间的人口迁移流动数量约为 4.6 亿，在这个庞大的迁移人群中，70％以上甚至更高（80％）是年轻的劳动人口，这将会缓解城市地区人口老龄化程度。所以，农村年轻劳动力向城市迁移导致了农村人口老龄化程度高于城镇。表 2-5 显示了 2000 年、2005 年、2010 年我国人口普查城乡人口结构的变化，直观地说明了上述特点。

表 2-5　我国城镇和农村人口结构对比

单位：%

年份	0~14 岁人口比例		15~60 岁人口比例		60 岁以上人口比例	
	城镇	农村	城镇	农村	城镇	农村
2000	18.42	25.52	73.36	63.58	8.22	10.9
2005	16.61	21.95	72.31	65.32	11.08	12.73
2010	14.08	19.16	76.24	67.48	9.68	13.36

　　注：根据第六次全国人口普查数据、第五次全国人口普查数据、2010 年全国人口 1％抽样调查数据计算。

　　②我国各省份间因社会经济发展条件而引起的人口老龄化演化阶段、特征与趋势等方面地区差异明显。2000—2010 年，我国人口老龄化平均增长速度为 2.4％，其间有 14 个省份的老龄化平均增长速度超过全国平均增长速度，同时结合各个省份 2000 年老龄化程度后发现，10 年期间新增 12 个省份进入老年型社会。根据

"第六次全国人口普查"数据，2010 年中国老龄化程度最大的是重庆市，其间平均增长速度为 3.9%，位居全国第一；老龄化程度最小的是西藏，60 岁及以上人口比例只有 7.67%，低于全国平均水平 5.65 个百分点，其间平均增长速度为 0.3%。

人口老龄化的地区差异不仅体现在各地区老龄化程度，还表现为人口结构比例的老化速度。由表 2-6 可知，按照 2010 年各省份 60 岁以上人口比例由高到低排列，老龄化程度的前 5 个省份分别为重庆、四川、江苏、辽宁、上海。重庆在 2000 年老龄化排名为第 6，其余 4 个省份在 2000 年排名分别为第 9 名、第 2 名、第 7 名和第 1 名。从 5 个省份排名变化可知，重庆、四川、辽宁在 2000 年到 2010 年期间老龄化的速度相对较快。结合我国各省份劳动力转移情况发现，重庆、四川、辽宁都是劳动力转移人数最多的省份，从往年数据来看，这些省份每年将会输出大量的年轻劳动力到其他省份，正是由于这个原因，这些省份的人口老龄化程度和速度都更大；而上海作为 2000 年全国人口老龄化程度最高的省份到 2010 年退居全国第五名。2000 年位居人口老龄化程度前 5 位的省份中，北京、浙江、天津到 2010 年老龄化程度排名也都纷纷下降，排名变化是由于这些省份经济发展更好，吸引来大量的其他省份（尤其是劳动力输出省份）的中青年劳动力，也正是由于源源不断的年轻人口地输入，这些省份的人口老龄化在一定程度上被减缓了。

表 2-6　我国不同省份人口年龄结构和老龄化排名

地区	2000 年老龄化排名	2010 年老龄化排名	排名变化位次数	劳力迁移变化方向（＋为增加）
重　庆	6	1	5	—
四　川	9	2	7	—
江　苏	2	3	－1	
辽　宁	7	4	3	—

（续）

地区	2000 年老龄化排名	2010 年老龄化排名	排名变化位次数	劳力迁移变化方向（＋为增加）
上　海	1	5	－4	＋
安　徽	11	6	5	－
山　东	8	7	1	
湖　南	10	8	2	－
湖　北	18	9	9	－
浙　江	4	10	－6	＋
吉　林	20	11	9	－
广　西	12	12	0	－
黑 龙 江	24	13	11	－
天　津	5	14	－9	＋
河　北	13	15	－2	－
陕　西	16	16	0	－
贵　州	21	17	4	－
河　南	14	18	－4	－
北　京	3	19	－16	＋
甘　肃	27	20	7	－
山　西	19	21	－2	－
内 蒙 古	25	22	3	－
江　西	22	23	－1	
福　建	17	24	－7	＋
海　南	15	25	－10	
云　南	23	26	－3	
广　东	26	27	－1	＋
宁　夏	31	28	3	－
新　疆	28	29	－1	
青　海	29	30	－1	
西　藏	30	31	－1	

注：源于第六次全国人口普查数据和第五次全国人口普查数据的计算。

③由于女性的寿命通常高于男性，使得女性老龄化程度尤其是高龄化程度高于男性，进而使得老龄化的高龄阶段性别差异明显。通常来看，我国新生儿的出生的性别比①大于 100，意味着男性高于女性，但随着年龄的增加，男性的非正常死亡较多，女性的预期寿命也普遍高于男性，使得性别比随年龄增加而下降。表 2-7 显示了各个年龄阶段性别比的变化，我国第六次人口普查数据显示进入老年阶段，即 60～69 岁性别比都大于 100，70 岁以后该比例逐渐下降，由 70～75 岁的 89.7 下降至 80～85 岁的 64.1%，至 100 岁以上该比例下降至 32.7%。上述变化说明，进入老年阶段后女性比例随着年龄增加而增加。

表 2-7　2010 年我国不同年龄阶段性别比

年龄	性别比（%）	年龄	性别比（%）
0 岁	117.96	50～54 岁	105.14
1～4 岁	119.39	55～59 岁	102.12
5～9 岁	118.66	60～64 岁	103.47
10～14 岁	116.24	65～69 岁	101.88
15～19 岁	108.17	70～74 岁	99.00
20～24 岁	100.95	75～79 岁	89.71

①　出生人口性别比是反映一定时期内出生人口男女比例的人口指标，正常范围是 103～107，即每 100 名出生女婴对应 103～107 名出生男婴。2015 年国家卫生计生委家庭司和中国人口学会主办的出生人口性别比治理体系创新研讨会上提出，我国是世界上出生人口性别结构失衡最严重、持续时间最长、波及人口最多的国家。根据国家统计局年度公报，自 20 世纪 80 年代以来，我国出生人口性别比持续攀升，1982 年的"三普"为 108.47，1990 年的"四普"为 111.14，2000 年的"五普"为 116.86，2004 年创历史最高纪录，为 121.18。2008—2014 年，我国出生人口性别比依次分别为 120.56、119.45、117.94、117.78、117.70、117.60、115.88，呈逐年下降趋势。http：//www.nhfpc.gov.cn/jtfzs/s3578/201502/ab0ea18da9c34d7789b5957464da51c3.shtml

（续）

年龄	性别比（%）	年龄	性别比（%）
25～29 岁	101.32	80～84 岁	79.37
30～34 岁	104.00	85～89 岁	64.09
35～39 岁	104.78	90～94 岁	50.68
40～44 岁	104.03	95～99 岁	46.66
45～49 岁	103.78	≥100 岁	32.69

注：源于全国第六次人口普查数据。

④我国人口老龄化的过程中伴随老年人家庭小型化。2010年近一半的老年人居住在直系家庭中；超过 1/3 老年人口居住在核心家庭中；小部分单独居住。这 3 种老人居住形式占比98.2%，这意味着这是老年人目前主要的居住形式。"第六次全国人口普查"较"第五次全国人口普查""第四次全国人口普查"和"第三次全国人口普查"而言，老年人在直系家庭居住的比例首次降至一半以下，为 49.8%。这意味着老年人在直系家庭居住的现象逐渐转变。与此同时，居住于核心家庭中的老年人比重增加，2010 年该比例较 2000 年增加 8.2%。居住于单人户中的老人比重波动增长。如果将直系家庭视为复杂家庭，核心和单人户视为简单家庭，与之前年份相比，2010 年老年人居住在简单家庭中的比例增加，居住于复杂家庭的比例下降，居住形式小型化（表 2 - 8）。

表 2 - 8　我国 65 岁及以上老年人家庭规模的变化

家庭类型（%）	年份			
	2010	2000	1990	1982
核心家庭	35.87	33.16	20.13	27.05
夫妇核心	29.28	23.82	17.03	13.51
标准核心	3.65	5.06	6.65	6.98

（续）

家庭类型（%）	年份			
	2010	2000	1990	1982
单亲核心	2.19	3.24	3.81	4.57
扩大核心	0.75	1.04	1.64	1.98
直系家庭	49.85	56.06	59.02	58.58
过渡直系	2.1	1.27	1.1	1.45
三代以上直系	35.25	44.29	50.67	49.76
二代直系	6.88	5.24	3.65	3.53
隔代直系	5.62	5.26	3.6	3.85
复合家庭	0.79	0.84	1.63	1.37
单人户	12.46	9.61	9.88	12.44
残缺家庭	0.17	0.13	0.26	0.32
其他	0.86	0.22	0.08	0.24
与子女同住	51.69	60.91	68.96	69.4
与已婚子女同住	45.47	51.98	57.13	56.16
与未婚子女同住	6.22	8.93	11.83	13.24

注：源于全国第六次人口普查长表 1% 的抽样调查数据和（王跃生，2014）。

表中"核心家庭"指由丈夫和妻子组成，或者有其中一人（丈夫或妻子）外加未婚子女构成的家庭；"直系家庭"是指夫妻双方和一个已婚子女外加孙辈组成的家庭；"复合家庭"是由夫妻双方或这一方与两个及以上已婚子女组成的家庭；"残缺家庭"是由未婚兄弟姐妹组成的家庭。"标准核心"是夫妻双方与未婚子女组成的家庭；"单亲家庭"是由夫妻双方由于一方不在或者离异、丧偶等之后，与未婚子女组成的家庭；"扩大家庭"是由夫妻双方与未婚子女以及未婚兄弟姐妹组成的家庭；"过渡核心家庭"是由夫妻双方与初婚子女组成的家庭，初婚子女中不包括媳妇和女婿。

2.1.3　我国未来老年人口变动趋势

从国际来看，老龄化已成为国际人口发展的必然趋势。依照联合国的预测，到 2050 年，全球人口 108 亿，其中 60 岁及以上人口 23.5 亿，老龄化程度为 21.51%。按照杜鹏等（2005）以 2000 年全国第五次人口普查数据为基础，对我国人口未来 100 年里人口老龄化的发展趋势进行的预测发现：到 2050 年我国总人口为 13.73 亿人，其中 60 岁及以上人口 4.3 亿人，老龄化程度达 31.31%；到 2010 年，我国总人口为 10.51 亿人，其中 60 岁及以上人口 3.2 亿人，老龄化程度为 30.45%。图 2-1 显示，2041 年到 2064 年是中国的"老年高峰"，每年老年人口数都将在 4 亿人以上。可见，未来老年人口绝对量持续增加，人口老龄化趋势将持续存在。

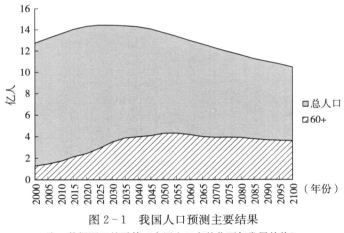

图 2-1　我国人口预测主要结果

注：数据源于杜鹏等《中国人口老龄化百年发展趋势》。

2.2　人口老龄化背景下的食物消费特点

2.2.1　老龄化背景下食物消费的总特征

图 2-2 显示了热量随年龄的变化。热量的变化能够从侧面反应各类食物消费总量的变化。由图 2-2 可知，在青年和中

年阶段（即 18～59 岁时间），热量的摄入基本稳定，进入 60
岁以后，个体热量的摄入迅速下降，这意味个体在变老的过程
中总体食物消费减少了。然而，我们更感兴趣各类食物的消费
变化，这将有助于我们了解未来食品行业的发展。所以我们将
老年人口的食物消费进一步细分，讨论其老龄化与各类食物变
化的关系。

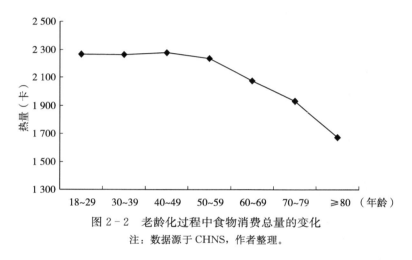

图 2-2　老龄化过程中食物消费总量的变化
注：数据源于 CHNS，作者整理。

　　表 2-9 显示了细分老年人口食物消费种类后老年人口与
非老年人口的食物消费特点。由表可知，与热量随年龄下降趋
势不同，老年人口分类别的食物消费中只有谷物、蔬菜和畜禽
肉类的消费随年龄增加而呈现消费下降趋势，具体表现为老年
人口谷物、蔬菜、畜禽肉类消费分别减少 58 克/天、20.6 克/
天、9.38 克/天；其他种类食物老年人口的消费水平反而高于
非老年人口，增幅最为明显的是老年人口的奶制品消费增加
8.13 克/天，其次是水果消费，增加 6.08 克/天。这意味着通常
认为"老龄化减少食物消费"仅仅表现在谷物、蔬菜和肉类这 3
种食物上。

表 2 - 9　样本总体老年人口和非老年人口食物消费量

食物（克/天）	（1）18～59 岁/消费量	（2）大于 60 岁/消费量	（2）—（1）	P 值
谷物	449.0	391.0	—58	0.00
豆类	48.40	51.17	2.77	0.01
蔬菜	343.3	322.7	—20.6	0.00
水果	38.56	44.64	6.08	0.00
畜肉	70.65	63.13	—7.52	0.04
禽肉	12.84	10.98	—1.86	0.01
奶制品	8.419	16.55	8.13	0.00
蛋类	25.72	27.15	1.43	0.03
水产品	28.20	28.22	0.02	0.00
N	36 454	9 792		

注：数据源于 CHNS 作者整理。下述相同，不再累述。

2.2.2　老龄化背景下食物消费的城乡特征

我国特有的城乡二元结构带来城乡收入、消费习惯和消费方式不同，老年人口的食物消费变化程度也不一样。第一，城乡收入变化来看，改革开放以来，我国城乡居民收入持续增长，但是城市居民收入始终高于农村居民（图 2 - 3）。从相关年份的《中国统计年鉴》来看，城市居民家庭平均每人可支配收入与农村居民家庭平均每人纯收入的比值，从 1996 年的 2.51％上升至 2017 年的 2.71％。那么，这种相对收入变化将如何影响食物消费？与农村相比，城市地区经济更为发达，平均收入水平更高。分别按照收入对城市居民和农村居民分组，2012 年[①]数据显示，城市

①　这里数据源自 2013 年《中国统计年鉴》。之所以没有采用最新的统计数据，是由于 2014 年的《中国统计年鉴》中不再统计按照收入分类的消费和支出情况。

居民最低收入户（10%）家庭人均食物消费支出为 3 310.4 元/年，而农村居民中等偏上收入户的家庭人居消费支出仅为 2 672 元/年。如果从消费数量上来看，农村居民的各类食物平均消费水平大致相当于城市困难户的食物消费水平。具体食物消费见表 2-10。由表可见，农村的低收入群体（比如农村老年人口）食物消费更值得关注。

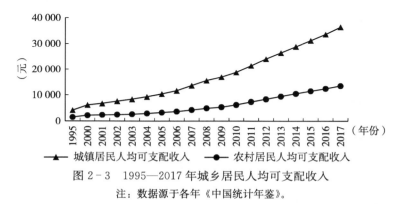

图 2-3　1995—2017 年城乡居民人均可支配收入

注：数据源于各年《中国统计年鉴》。

表 2-10　城乡食物消费量对比

食物（千克/年）	城市困难户	农村居民平均
食用植物油	8.17	7.80
猪肉	14.35	14.40
牛肉	1.62	1.00
羊肉	1.04	0.90
鲜蛋	7.53	5.90
鲜菜	89.37	84.70
鲜奶	7.14	5.30

注：数据源于 2013 年《中国统计年鉴》。

　　第二，城乡食物消费习惯的差异具体表现为消费结构不同。

图 2-4 显示了城乡居民 7 类食物的消费情况：相比城市居民，2017 年农村居民的谷物消费为 154.6 千克，远高于城市居民消费的平均水平 109.7 千克；除此之外的其他类食物农村居民平均消费水平都小于城市居民，尤其是在奶制品和水产品的消费上，两者差异更为明显。这意味着谷物消费在农村居民的日常饮食中仍然具有重要地位，而城市居民的消费则以副食类消费为主。通过进一步研究发现，即使在同类食物中，结构也呈现出不同特点：将肉类细分后发现，城市居民猪肉消费比重为 70.50%，牛、羊肉消费比重为 29.50%；农村居民上述两类消费比重分别为 82.62% 和 18.38%；如果再同时考虑禽类消费，城市居民猪肉消费比重则进一步下降且程度大于农村居民，这意味着农村居民肉类消费仍然以猪肉为主，而城市居民则呈现猪肉、牛肉、羊肉和禽肉消费的多元化发展（朱高林，2006）。

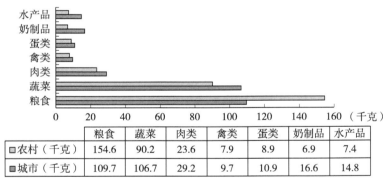

	粮食	蔬菜	肉类	禽类	蛋类	奶制品	水产品
农村（千克）	154.6	90.2	23.6	7.9	8.9	6.9	7.4
城市（千克）	109.7	106.7	29.2	9.7	10.9	16.6	14.8

图 2-4　2017 年城乡居民家庭人均主要食物消费量

注：数据源于 2018 年《中国统计年鉴》。

第三，除了上述所提及的城乡收入和消费习惯的差异，城乡食物消费方式的差异也值得关注。图 2-5 显示了城乡居民在外就餐情况：从就餐形势来看，2011 年 CHNS 统计的数据显示，相比城市居民，农村居民在外就餐的概率远小于城市居民。就餐形式的不同带来消费结构的差异：马冠生等（2006）研究发现，餐馆就餐会更多摄入肉类和油脂，尤其是牛、羊肉消费的增加。随着老龄化进程的加快，相对年轻人，老年人在外就餐概率相对较低，将在一定程度上弱化就餐方式差异带来的影响，但其影响程度有待进一步研究。从食物制作方面来看，城市居民参与食物制作的概率略高于农村居民，但绝对时间较少；由此猜测，城市居民日常可能会更多地消费方便食品。2011 年 CHNS 的数据也证实了上述猜想。2011 年城市居民的方便食品①消费 102 克/天，而农村居民消费量仅为 32 克/天。

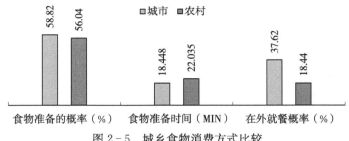

图 2-5　城乡食物消费方式比较

注：数据源于 CHNS，作者整理。

　　第四，城镇居民食物需求的满足程度总体上大于农村居民，年老后食物消费的情况相应地好于农村居民。表 2-11 显示了城乡老年人口和非老年人口各类食物消费情况：城市老年人口仅在谷物、肉类和蔬菜这 3 类食物上的消费水平小于非老年人口；相反，其他食物则表现出小幅增加，尤其是奶制品的消费增加最为明显，老年人口奶制品消费比非老年人口增加 13 克/天。这意味着，老龄化带来的食物消费减少在城市老年人口那里仅体现在上

---

　　①　按照《中国营养膳食指南》中对方便食品的定义，这里没有包括快餐类食品，主要是由于快餐类食品不是每个调查年份都统计，这里的方便食品包括速冻食品、方便面等食品。

述 3 类食物的减少。对比农村老年人口，发现，农村老年人口仅
在奶制品消费上略微高于非老年人口即 1.9 克/天，其他食物消
费都出现不同程度的减少，这意味着与农村非老年人口相比，老
龄人口的食物消费确实减少了。可见，老年人口的食物消费呈现
明显的城乡差异。

表 2-11　城乡老年人口和非老年人口食物消费量

食物 （克/天）	城市			农村		
	(1) 18～ 59 岁	(2) >60 岁	(2)～(1)	(3) 18～ 59 岁	(4) >60 岁	(4)～(3)
谷物	400.10	353.70	−46.40	472.80	417.80	−55.00
豆类	54.05	58.72	4.67	45.65	45.74	0.09
蔬菜	335.40	317.60	−17.80	347.10	326.30	−20.80
水果	56.13	68.44	12.31	29.99	27.54	−2.45
畜肉	91.20	74.44	−16.76	60.62	55.00	−5.62
禽肉	17.60	14.36	−3.24	10.51	8.55	−1.96
奶制品	19.66	32.77	13.11	2.936	4.90	1.97
蛋类	30.65	34.34	3.69	23.31	22.00	−1.32
水产品	36.92	36.37	−0.55	23.95	22.37	−1.58
N	11 952	4 094		24 502	5 698	

注：数据源于 CHNS 作者整理。

2.2.3　老龄化背景下食物消费的性别特征

男性和女性之间自身生理特征以及消费方式的不同，带来食
物消费的差异。图 2-6 显示了男性和女性食物消费的变化。食
物消费旨在满足身体所需的各种营养元素，故选择卡路里和蛋
白质反映男性和女性食物消费的差异（选择卡路里的原因与上
述相同，不再累述）。之所以选择蛋白质是考虑蛋白质是组成

人体一切细胞、组织的重要成分。机体所有重要的组成部分都
需要有蛋白质的参与（何宇纳等，2005）。由图 2-6 可知，男
性卡路里和蛋白质的摄入在各个年龄阶段都高于女性，即使两
者消费量随着年龄增加而减少，但男性和女性间的差异并没有
改变。

以上从营养素摄入视角侧面反映了食物消费的性别差异：在
高龄阶段，男性和女性在卡路里和蛋白质摄入方面差异变小，意
味着随着年龄增加，老龄化程度加深，食物消费的性别差异
缩小。

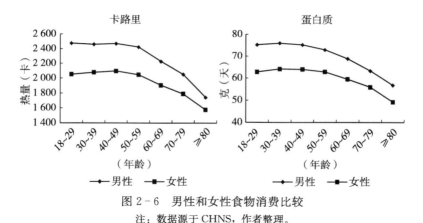

图 2-6　男性和女性食物消费比较

注：数据源于 CHNS，作者整理。

表 2-12 进一步显示了男性和女性老年人口和非老年人口
食物消费的变化差异。总体来看，男性老年人口和女性老年人
口的食物消费变化一致，在谷物、蔬菜和肉类这 3 种食物上表
现出明显的下降，而其他食物的消费则有所增加。这意味着，
从性别视角来看，无论男女，通常认为的老龄化减少了食物消
费也仅仅表现在谷物、蔬菜和肉类消费，未来以水果、奶制品
为代表的食物消费并不会因为老龄化进程的加快导致消费需求
减少。

表 2-12 男性和女性老年人口和非老年人口食物消费量

食物 (克/天)	男性			女性		
	(1) 18～ 59 岁	(2) >60 岁	(2) ～ (1)	(3) 18～ 59 岁	(4) >60 岁	(4) ― (3)
谷物	483.8	415.9	―67.9	414.9	362.7	―52.2
豆类	50.97	52.94	1.97	45.89	49.16	3.27
蔬菜	353.6	334.1	―19.5	333.1	309.8	―23.3
水果	34.44	43.45	9.01	42.58	45.99	3.41
畜肉	78.18	68.01	―10.17	63.29	57.61	―5.68
禽肉	13.82	11.58	―2.24	11.87	10.29	―1.58
奶制品	7.25	15.83	8.58	9.56	17.37	7.81
蛋类	26.63	28.26	1.63	24.83	25.89	1.06
水产品	29.66	29.04	―0.62	26.77	27.30	0.53
N	18 004	5 199		18 450	4 593	

注：数据源于 CHNS，作者整理。

2.2.4 老龄化背景下食物消费的地区特征

我国幅员辽阔，不仅地区经济发展水平相差较大，而且地区饮食习惯也有明显差异，未来各地区食物消费将如何变化？

第一，基于收入的区域差异主要表现在食物消费的总量上。图 2-7 呈现了近几年不同区域之间收入的差异：2013—2017 年间，东部地区居民收入始终最高，西部地区居民收入最低；且东部地区居民收入与中部和西部其他 3 个地区居民收入的差距并没有表现出缩小的趋势。对于东部地区来说，由于市场较为发达，收入水平相对较高，人均食物消费量普遍高于中西部地区，甚至东部地区的农村居民消费水平还高于全国城镇居民消费的平均水平。以 2016 年为例，上海农村居民的平均消费水平与贵州城镇居民消费水平持平甚至更高；同时也高于全国城镇居民消费的平均水平（表 2 - 13）。

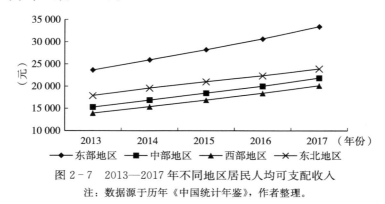

图 2 - 7　2013—2017 年不同地区居民人均可支配收入

注：数据源于历年《中国统计年鉴》，作者整理。

表 2 - 13　不同省份食物消费情况

食物（千克/年）	谷物	食用植物油	蔬菜	肉类	禽类	水产品	蛋类	奶制品
上海农村	120.40	11.20	89.00	30.00	12.90	20.40	10.00	12.30
贵州城镇	106.80	11.50	88.50	30.70	7.70	3.90	5.80	11.70
全国城镇	101.60	10.70	104.40	28.90	9.40	14.70	10.50	17.10

注：数据源于 2016 年《中国统计年鉴》，全国城镇包括上海和贵州。

　　第二，我国居民食物消费具有很强的区域性，不同地区食物消费习惯存在很大差异。表 2 - 14 显示了不同地区居民的消费情况。东部地区在禽类、水产品和奶制品这些副食的消费上远高于其他地区。以 2017 年为例，东部地区上述几类副食消费分别是西部地区的 1.82、4.90、0.99 倍。相反，以谷物为代表的主食消费，西部地区最高，这意味着谷物在西部地区食物消费中所起的作用依然较大，而在东部地区的饮食作用相对较小。进一步来说，即使是相同类别的食物消费，不同地区也呈现出显著的差异。

　　举例来说：在 2017 年肉类消费中，猪肉始终是各地区消费的主要部分；而从其余品种消费来看，东部地区禽肉消费所占比例更大，牛、羊肉消费比例较小。相反，西部地区牛羊肉消费比例反而高于禽肉；中部地区牛羊肉消费比例则更小。这意味着，牛、羊肉在西部地区，是居民除猪肉消费之外的肉类首选，禽肉在东部地区是居民除猪肉消费之外的肉类首选（图 2 - 8）。

表 2 - 14 东中西部地区各类食物消费情况

食物类别 （千克/年）	谷物	蔬菜	肉类	禽类	水产品	蛋类	奶类
东部平均	102.94	97.70	26.92	10.76	18.39	11.20	14.25
东北平均	128.08	100.80	26.33	5.30	8.73	11.18	14.45
中部平均	122.03	98.77	23.07	7.05	9.42	9.90	10.20
西部平均	141.63	89.12	26.59	5.91	3.75	6.32	14.35

注：蔬菜中还包括食用菌。数据源于 2018 年《中国统计年鉴》。

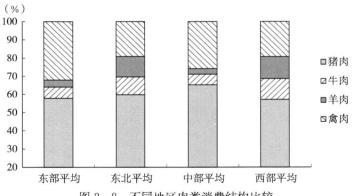

图 2 - 8 不同地区肉类消费结构比较

第三，如果考虑老龄化因素的影响，区域食物消费的差异则更为明显。表 2 - 15 显示了不同地区老年人口和非老年人口各类食物消费情况。东部地区老年人口仅在谷物、肉类和蔬菜这 3 类食物上消费水平小于非老年人口，这意味着，老龄化带来食物消费减少在东部地区老年人口中仅体现在上述 3 类食物的减少。相反，其他食物则表现出小幅度增加，而奶制品的消费增加最为明显，老年人口奶制品消费比非老年人口增加 15 克/天。而中部和西部地区的老年人口仅在奶制品消费上略微高于非老年人口（分别为 2.1 克/天和 2.2 克/天），其他食物消费都出现不同程度减少，这意味着中西部老年人口较非老年人口食物消费确实减少了。

表 2-15　不同地区老年人口与非老年人口食物消费量

食物	东部地区			中部地区			西部地区		
（克/天）	(1) 18~ 59 岁	(2) >60 岁	(2) — (1)	(3) 18~ 59 岁	(4) >60 岁	(4) — (3)	(5) 18~ 59 岁	(6) >60 岁	(6) — (5)
谷物	439.80	381.70	−58.10	466.0	412.8	−53.2	445.5	385.1	−60.4
豆类	54.08	59.74	5.66	42.20	45.38	3.18	45.17	42.38	−2.79
蔬菜	320.10	309.10	−11.00	368.9	344.1	−24.8	356.0	324.6	−31.4
水果	53.07	67.84	14.77	26.55	26.44	−0.11	25.57	23.35	−2.22
畜肉	63.33	59.03	−4.30	64.56	53.08	−11.48	92.22	79.92	−12.30
禽肉	13.05	12.00	−1.05	9.15	6.152	−3.00	16.99	13.98	−3.01
奶制品	13.75	28.50	14.75	3.47	6.25	2.78	4.30	6.52	2.21
蛋类	33.17	36.41	3.24	24.66	24.79	0.13	12.72	13.85	1.13
水产品	31.73	36.31	4.58	29.96	27.28	−2.68	19.25	15.49	−3.76
N	16 837	4 053		10 850	2 621		8 767	2 668	

注：数据源于 CHNS 作者整理。

2.3　本章小结

我国作为一个人口大国，在 21 世纪初进入老龄化。与发达国家相比，我国老龄化有自己的特点。例如，我国老龄化过程中表现出"未富先老"的特点、老年人口总量庞大、历史原因（计划生育政策）加速了我国老龄化、人口出生性别比失调、农村年轻劳动力向城市迁移使农村人口老龄化程度加深等等，这些问题与我国经济发展和居民福利密切相关，均需要深入系统地进行研究。而食物消费作为老年人口日常消费的重要组成部分更加值得重视。

从本章节的分析中可以发现，随着年龄增加，虽然老年人口摄入的卡路里下降，但折射到具体食物消费上，仅有谷物、蔬菜和畜禽肉类的消费随年龄增加而显著下降，其余食物消费并没有呈现出明显减少的趋势。

进一步对比不同类型老年人口食物消费发现：农村老年人口和中西部地区老年人口食物消费较非老年人口来看食物消费下降趋势明显；相反，城市和东部地区老年人口食物消费仅在谷物、蔬菜和肉类消费上呈现下降趋势，在奶制品、水果和水产品等食物消费方面反而有所增加，尤其是奶制品增长幅度很大。男性和女性老年人口食物消费差异不大。

综合来看，城乡、性别以及不同地区间老年人口食物消费变化不同。

第3章 人口老龄化对食物消费影响的理论分析

人口转变理论和经典消费理论是开展本章研究的理论基础。首先，本章对人口转变理论和消费理论的形成、发展和基本分析框架进行详细梳理和介绍；其次，基于上述理论，同时结合我国人口老龄化特点，理论上分析人口结构变化（老龄化）影响食物消费的机理。

3.1 相关理论基础

3.1.1 人口转变理论

人口转变理论是西方人口理论的重要组成部分，起初是以西欧地区人口出生率和死亡率的历史资料为依据，对人口发展过程的变化进行描述分析。后来人们发现每一个经历了人口变化的国家都表现出人口转变的一些共同特点，这也就意味着人口转变是一种普遍的人口增长规律。也正是如此，人口转变得到了人口学家们的积极应用和修正，形成了各国发展中"为什么"与"如何"经历人口转变的理论解释。

人口转变理论最初由法国人口学家阿德尔费·兰德里（Adolphe Landry）提出。在1909年发表的《人口的三种主要理论》中提出了人口转变思想，根据法国和西欧地区的人口统计资料分析人口下降对经济的影响，划分了与经济发展相适应的人口发展阶段，分别为：原始阶段、中期阶段和现代阶段。原始阶段人口再生产处于高生育率、高死亡率；中期阶段生育率降低且影响人口增长；现代阶段人口再生产处于低出生率、低死亡率的状态。

但他提出的人口转变理论主要依照法国人口统计资料来说明法国人口变化情况，三阶段理论缺乏普遍性。沃恩·汤姆森（Warren Thompson）在 1929 年试图在 Landry 基础上将其提出的人口转变模型应用到全世界，将世界各国人口发展按照出生率和死亡率发展，并联系经济发展和生活水平变化划分为 3 个地区，体现了人口发展三阶段理论。后来，美国经济学家弗兰卡·华莱士·诺特斯坦（Frank Wallace Notestein）继 Thompson 之后把世界各国或地区按经济发展程度和人口发展状况归纳为 3 种类型考察人口变化。

经过漫长的发展，安斯利·J. 科尔（Ansley J. Coale）和埃德加·M. 胡佛（Edgar M. Hoover）以及联合国对人口转变提出四阶段论（图 3 - 1）。随后查利斯·布莱克（Charles Blacker）系统地论述了人口转变理论，将人口转变分为 5 个阶段，即高位静止（High Stationary）、初期扩张（Early Expanding）、后期扩张（Late Expanding）、低位静止（Low Stationary）和减速（Diminishing）。Blacker 之后，许多学者根据西欧发达国家人口发展的历史经验，对经济发展过程中人口增长的类型做了阶段性划分和描述，并形成了各自的人口转变理论。由于联合国提出的四阶划分方法被广泛接受，故本章研究中仅阐述联合国人口结构转变的四阶段论。

联合国于 1990 年提出新的四阶段划分方法，这种划分被广泛接受。具体划分如下。转变前阶段：高出生率、高死亡率。总和生育率[①]（TFR）在 6.5 以上，平均预期寿命在 45 岁以下，

---

　　① 生育率（Fertility Rate）不同于出生率（Birth Rate），它分别以育龄妇女人数和总人口为分母。与出生率相比，生育率更能准确地反映妇女生育水平的高低，其中一个重要的指标是总和生育率（Total Fertility Rate），它是年龄和生育率之和，表明在某一时间断面上妇女的平均生育水平，也可以理解为按时间断面上的生育水平、平均一个妇女一生生育子女的数量。总和生育率可用来代表人口更替水平——即保持人口最终静止的再生产水平，通常总和生育率达到 2.1～2.3 则被认为达到更替水平。

人口增长速度缓慢，属于传统型人口再生产类型。前期转变阶段：出生率和死亡率开始下降，后者先于前者，TFR 在 4.5～6.5，平均预期寿命在 45～55 岁，人口增长速度加快。这一阶段主要以死亡率的转变为标志，人口再生产属于过渡型。后期转变阶段：出生率和死亡率加速下降，TFR 在 2.5～4.5，平均预期寿命为 55～65 岁，人口增长速度开始回落。这一阶段主要以生育率的转变为标志，人口再生产亦属于过渡型。低出生率和死亡率阶段。TFR 在 2.5 以下，平均预期寿命在 65 岁以上，人口低速增长，人口再生产属于现代型。

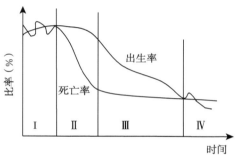

图 3-1　联合国人口结构变化阶段划分

3.1.2　消费函数理论

消费（尤其是居民消费）一直是主流经济学家和各国政府关注的重要议题。宏观层面来看，居民消费是构成一国总消费的主体和核心部分，也是经济增长的重要推动力；尤其是当国家出口受阻时，提高居民消费增长被视为经济持续增长的动力所在。微观层面来说，居民消费水平的高低不仅直接决定着每个家庭的福利水平，也在一定程度上与家庭的幸福程度相关（方福前等2014）。凯恩斯（Keynes）以来，对消费的研究大致可以分为 3 个阶段：第一个阶段是确定性条件下的消费理论，包括凯恩斯（1936）的绝对收入假说和杜生贝利（1949）的相对收入假说，主要研究当期静态消费。第二阶段是不确定条件下的消费理论，研究对象由当期的静态消费转向动态的跨期消费，约束条件从相对宽松的预算约束变成流动性约束。20 世纪 70 年代，消费理论以不确定性下的持久收入生命周期假说为主，随后衍生出一系列新的消费理论。第三阶段的消费理论则更重视个人行为、心理特征变化对消费决策的影响。以下重点对前两个阶段分别展开分析。

确定条件下的消费理论：传统凯恩斯主义消费理论假设，消费水平决定于当期的可支配收入。凯恩斯声称"总消费量主要取决于总收入量"，这种关系具有"相当稳定的函数"关系。他进一步断言："很明显，绝对收入水平的提高会导致更高比例的收入被储蓄"。从此拉开了将收入作为消费主要影响因素相关研究的序幕，其收入和消费之间的关系在未来相当长时间内占据着有关消费研究领域的核心。直到库兹涅茨（1942）对美国 1879—1888 年及 1929—1938 的国民生产数据的分析发现：美国居民的消费并没有像凯恩斯所预测的那样随着收入增加而增加，相反，国民消费具有很强的稳定性。不仅如此，还发现凯恩斯提出的理论对于经济大萧条以后收入的判断也出现了很大偏差。凯恩斯提出的理论受到了质疑。

为了解决上述问题，杜生贝（Duesenberry，1949）和莫迪利安尼（Modigliani，1949）分别提出了相对收入假说。他们认为消费水平与当期收入水平关系不大，而是受"过去收入"的影响。他们认为消费收入比不随收入水平的提高而变化，仅与现期收入和历史收入峰值的比有关，将其称之为"消费黏性"或者"生活水平效应"（living standards），即，当收入发生改变时，消费者并不会马上改变自己的消费水平。但即使消费确实存在黏性，仍不能解释库兹涅茨的储蓄率长期稳定性。需要说明的是，尽管相对收入理论的解释能力有限，但与绝对收入理论相比显然有很大的进步，至少它开始从消费者行为出发来分析问题。

不确定条件下的消费理论：20 世纪 80 年代出现的生命周期理论认为，理性的消费者在其总资源约束下追求一生消费的平滑，可看作：工作时进行储蓄，退休后则负储蓄。消费—年龄曲线的位置取决于一生拥有的总资源，形状取决于消费者的偏好、时间偏好和利率的关系，与各期收入无关。Deaton（1992）指出，在所有的消费者行为模型中，只有生命周期模型认为较快的经济增长速度与较高的储蓄率之间存在因果关系。Modigliani（1986）基于生命周期理论发现，居民的储蓄率与人均收入无关，而与其经济增长率呈正相关，这意味着经济增长稳定居民储蓄率将稳定；居民储蓄率不单是公民节约行为差异的结果，不同的国民储蓄率实际上可以用同一个消费者的行为去解释；对于一定的经济增长，"财富—收入比"和"储蓄率"是退休期长短的主要参数。与生命周期理论一样，持久收入理论（PIH）始于 20 世纪 50 年代。它认为收入可以被分解为预期的持久收入和暂时性收入，而消费由持久收入决定，不会对收入的短期变动有较大的反应，消费比收入更平滑（Friedman，1957）。生命周期理论提出的意义在于专注研究生命特征变化引起的"急需"（Modigliani，1986），而持久收入理论几乎不关注人口特征的变化对"消费—收入"关系的影响以及从宏观视角出发的人口、收入和财富积累之间的关系，而它更关注消费的动态行为。也正是如此，随后的研究开始重视人口结构特征变化（比如年龄）对消费的影响。

3.2 人口老龄化对食物消费影响的理论分析

3.2.1 人口结构转变与老龄化

人口老龄化是人口年龄结构的一种变化，是人口中老龄人数不断增多和比重不断上升的现象与过程。联合国提出 60 岁及以上人口占总人口比重达到 10% 或 65 岁及以上人口占总人口比重达到 7% 的国家或地区称为"老年性国家或地区"。人口老龄化是人口转变的必然结果，本章将采用联合国提出的人口转变的四阶段理论对人口老龄化的形成加以分析。

（1）在人口转变前阶段：由于高出生率和高死亡率，人口缓慢而被动地增长，总人口中青年人口比重大，老年人口相对较少。

（2）在人口前期转变阶段：出生率和死亡率开始下降，后者先于前者，主要是以死亡率的转变为标志。由于死亡率降低对婴儿和少儿的影响最大，因此人口结构变得更加年轻，老年人口比例非常低。

（3）在人口后期转变阶段：出生率在死亡率继续下降的基础上显著下降，且这一阶段主要以生育率的转变为标志。在此阶段，老年人口比例开始上升。

（4）在低出生率和死亡率阶段：生育率降至接近更替水平，人口平均预期寿命继续延长，人口结构向老年型发展，老年人口比例迅速提高。综上所述，人口老龄化是一个具有高生育率和低预期寿命的、人口向着低生育率和低死亡率转变的具体过程。

而现实中人口年龄结构的老化除了受上述人口自然变动（出生率和死亡率）的影响，还受到人口机械变动（即迁移）的影响（杜鹏等，2010）。迁移流动通常是定向的，对人口群体有高度的选择性（包括年龄、性别），因此大规模的人口迁移会直接导致迁入地和迁出地人口年龄结构的改变。一方面，人口迁移削弱了作为人口吸引中心地区、特别是城市地区人口老龄化过程的速度与程度；另一方面，人口迁移加剧和提高了人口外流地区，尤其是外流量大的农村地区人口老龄化过程的速度与程度，使各个地区的人口年龄结构出现变化。在这一过程中，各地区的人口年龄结构、人口老龄化过程都受到影响。比如城乡之间的人口迁移流动是近些年我国人口结构变动的主要推动力量，也是影响地区人口年龄结构特征，尤其是老龄化趋势的重要因素

（刘爽，1997）。

总之，老龄化是一个人口结构老化的过程，在现实中除了受到来自人口因素影响外，人口迁移对人口结构的影响越来越大，同时不能忽视相关经济和社会因素的影响。也就是说，从现阶段我国老龄化进程来看，除了关注受基本人口因素影响外，也不能忽视人口迁移的影响。

3.2.2　人口结构变化（老龄化）对食物消费的影响分析

老龄化即整个社会人口结构趋向老化，首先普适性地分析人口结构如何在消费函数中影响消费水平，这里我们借鉴了王金营等（2006）分析我国人口结构变动对我国整体消费水平影响的分析框架，并在此基础上结合我国老龄化的特点，分析其对食物消费将可能产生哪些影响，提出研究假设。

在王金营等（2006）的分析框架中，人口被划分为 3 类，分别是少年儿童、成年人（即劳动人口）和老年人，这 3 种群体对食物的需求不同。随着年龄构成的变化，人们对一定种类物品或服务的需求和总需求会产生变化（茅锐等，2014），食物消费也不例外，既定收入水平下，年龄作为影响需求变化的一个因素也会对食物消费产生影响。理论上，依照生命周期理论推断青少年的消费需求要少于成年人，而成年人和老年人需求间的关系尚未得到一致结论。一些研究认为，少年儿童和老年人的需求近似，两者数量关系为：一个儿童需求约等于 0.7 个成人需求；也有研究认为，一个儿童的需求是一个成年人或老年人的一半（Browning et al.，2013；Blundell，1988）。这里假设老年人和儿童的需求不同，一个年轻人口的消费需求比老年人口的消费需求低。在有关不同年龄消费需求的研究中，根据各年龄组的不同需求分配给不同年龄组人口的权数（即消费系数），是依据对实际消费的观察或是对比标准人而获得，使得计算与成年人对等的个人需求成为可能。从总体上说，证实不同年龄人群有不同需求事实的存在，也间接证明了年龄构成对消费有影响作用。

为解决人口年龄结构的变化对消费水平的影响，通常可归纳为两种方法：其一，将少年儿童比重、老年人口比重直接带入消费函数考察其系数的变化；其二，构建综合指标来表示人口年龄结构带入消费函数。如果在给定消费水平的条件下，直接引入人口年龄结构变量的最终消费函数为：

$$C_t = c_t \times P_t \tag{3-1}$$

C_t 为食物消费总量，c_t 为人均消费水平，P_t 为社会总人口。从上述公式可知，给定食物消费水平时，人口规模成为决定食物消费总量的决定性因素。然而，不能忽视的是，人均食物消费水平不是一成不变的，它会受到收入水平、人口年龄结构以及所处生命阶段的影响。鉴于此，将上述关系表示为：

$$c_t = \alpha_0 + \alpha_1 y_t + \alpha_2 aged(t) + \alpha_4 ch(t) + \varepsilon \tag{3-2}$$

$aged(t)$ $ch(t)$ 分别表示老年人口和青少年人口，在此基础上两边同时乘以总人口数量 P_t

$$C_t = \alpha_0 P_t + \alpha_1 Y_t + \alpha_2 aged(t) P_t + \alpha_4 ch(t) P_t$$
$$\tag{3-3}$$

（3-3）式表明食物消费是总人口、老年人口、青少年人口和收入的线性函数。

通过标准消费人来标准化人口结构。标准消费人假设青少年食物消费的平均消费水平是成年人口的 α 倍，60 岁级以上人口食物消费水平是成年人口 β 倍。这样可以将老年人和青少年依照一定比例折合成无差别的标准人，这样决定消费水平的因素只有人均收入水平和消费习惯等其他因素。所以上述式子转换为：

不考虑消费习惯的标准消费人消费函数：

$$sc_t = \alpha_0 + \alpha_1 y + \delta_t \tag{3-4}$$

考虑消费习惯的标准消费人消费函数：

$$sc_t = \alpha_0 + \alpha_1 y + \alpha_3 sc_{t-1} + \delta_t \tag{3-5}$$

上述可知：排除人口年龄差异的影响后，消费函数中影响消费水平的因素将大大简化，年龄结构不再是标准消费人消费水平的主要影响因素。一旦估计得到模型的参数，就可以利用预测得到分年龄组人口和人均收入水平，预测未来的标准消费人均水平和总消费规模。

$$C_t = \alpha_0 P_t \frac{SCP}{P_t} + \alpha_2 y_t SCP_t = \alpha_0 P_t \frac{SCP}{P_t} + \alpha_2 \frac{Y_t}{P_t} SCP_t$$

$$(3-6)$$

$$C_t = \alpha_0 P_t (\alpha \times ch_t + l_t + \beta \times aged_t) +$$
$$\alpha_2 Y_t (\alpha \times ch_t + l_t + \beta \times aged_t) \quad (3-7)$$

下式为标准消费人的食物消费变换，带入 $l = 1 - ch_t - aged_t$ 后得到：

$$C_t = \alpha_0 P_t + \alpha_1 Y_t - (1-\beta)(\alpha_0 P_t + \alpha_1 Y_t) \times$$
$$aged_t - (1-\alpha)(\alpha_0 P_t + \alpha_1 Y_t) \times ch_t$$
$$c_t = \alpha_0 + \alpha_1 y_t - (1-\beta)(\alpha_0 + \alpha_1 y_t) \times aged_t -$$
$$(1-\alpha)(\alpha_0 + \alpha_1 y_t) \times ch_t \quad (3-8)$$

由（3-7）式或（3-8）式可见，当老年人口和少年儿童的消费水平与成年人消费水平越是接近（即 α 和 β 接近 1），人口年龄结构对消费的影响就越小。反之，当老年人口和少年儿童的消费水平与成年人消费水平越是差异大（即 α 和 β 比 1 小得多），人口年龄结构对消费的影响就越大。至此，我们理论上分析了人口结构变化如何影响个体消费水平。食物消费为个体基本消费，人口结构变化对其的影响也应符合上述规律。以下结合我国老龄化变化特点，讨论人口结构老化如何对食物消费产生影响。

先分析老龄化对食物消费数量变化的影响。老龄化意味着人口结构老化，随着老龄化程度加深，未来老年人口将会越来越多。个体在变老的过程中，人器官功能将出现不同程度的衰退：牙齿缺损、咀嚼和消化吸收能力下降；视觉和听觉及味觉等感官反应迟钝，常常无法反映身体对食物、水的真实需求；肌肉萎缩、瘦体组织量减少、体脂肪量增加；加上骨量丢失、关节及神经系统退行性病变等问题，使得老年人身体活动能力减弱，对能量、营养素的需求发生改变①（《中国居民膳食指南》，2016）。可见，个体由于自身身体机能下降，与成年消费水平相比，老年人口食物消费水平减少，进而影响整体食物平均消费水平。由此我们可以得出如下假说：

假说 3 - 1：老龄化过程中，由于老年人口身体机能下降，总体食物消费水平减少。

需要注意的是，总体消费水平减少不意味着各类食物消费的下降，换言之，不同年龄个体食物消费结构存在差异。通常老年人既容易发生营养不良、贫血、肌肉衰减、骨质疏松等与营养缺乏和代谢相关的疾病，又是心血管疾病、糖尿病、高血压等慢性病的高发人群。很多人多病共存，长期服用多种药物，很容易造成食欲不振，影响营养素吸收，加重营养失衡状况（《中国居民膳食指南》，2016）。在上述情况下，老年人将有意识消费更健康的食物。举例来说，糖尿病患者日常饮食需注意含糖量高饮食的摄入量。在谷物消费方面需更多摄入粗粮来减少米、面等细粮的消费；在水果消费方面需选择含糖量低的水果，对含糖量高的水果则应该减少甚至避免；在肉类消费方面，需选择脂肪含量较少的肉类作为日常的食物消费。以上可知：与年轻时相比，年老时的各类食物消费将会发生不同程度的变化。鉴于此，老龄化过程中，需将食物消费细分来讨论年龄与不同类比食物之间的关系。由此我们可以得出如下假说：

假说 3 - 2：老龄化过程中，食物消费总量减少不意味着各类食物消费都减少。

---

① http：//dg. cnsoc. org/article/04/8a2389fd575f695101577a523fa302da. html

考虑现阶段导致我国城乡老龄化的主要原因不同（杜鹏等，2010），研究将分别分析城乡老龄化对食物消费的影响。从人口结构变化规律来看，城市人口生育水平下降早于农村且城市居民的预期寿命高于农村居民，所以理论上城市老龄化程度应该高于农村；但是现实中大量农村劳动力迁移到城市，造成了现阶段农村老龄化程度高于城市老龄化程度。正是由于影响城乡老龄化进程的主要因素不同，所以在老化过程中对食物消费的影响存在差异。大量农村劳动力的转移导致农村老龄化程度进一步加深，同时也由于农村青壮年到城市务工导致照料农村老年人口的子女数量下降；加之农村相关养老、医疗体系不健全，在一定程度上造成老年人口的照顾缺失和精神孤独。不仅如此，农村老龄化过程中出现越来越多的隔代家庭，老人需要兼顾照顾和教育孙辈的责任，这无疑将进一步加重农村老人的负担。繁重的农业生产劳动和照料孙辈的责任使得老人在时间和精力[1]的配置上受到很大的限制，老人不得不花费更多的时间和精力照顾孙辈的日常生活，而花费更少的时间和精力考虑自身的食物消费[2]。

相反，在城市老龄化过程中，与农村相比，城市居民拥有良好的生活条件、丰富的文化生活以及良好的医疗社保体系，这都给城市老人的物质和精神提供了良好保障。即使同样存在隔代抚育孙辈的情形，但拥有稳定的经济收入使得照顾孙辈并没有增加老人的经济负担反而极大地改善了老年人的精神状态。另外，我国"城乡二元经济结构"的背景下城乡收入差异客观存在，这也将会影响食物消费。比如城乡收入差距将通过影响资源供给配置

---

[1] Becker 的家庭生产理论认为食物消费可以视为一种投入时间和精力的家庭生产活动。

[2] 我们认为，虽然老人子女的外出务工很大程度上提高了老人的收入，但由于农村老人在食物消费方面更多依靠自己生产，故即使收入增加，用于食物上的数额未必高。

和食物的获取能力等对老人食物消费产生影响。

假说 3 - 3：由于城乡老龄化原因不同，加之城乡收入和老年生活保障不同，这会导致老龄化对食物消费的作用存在城乡差异。

由于死亡率的性别差异，高龄阶段性别比例差异显著（徐勤等，2001），这也将影响食物消费变化。女性通常是家庭劳动的主要承担者，在老龄化发展过程中，男性老年人口与配偶居住的可能性很大，食物消费始终受到配偶的照顾，所以受影响较小；而女性老人由于寿命较男性更长，所以更多女性老年人口由于丧偶而独居，缺少了配偶的陪伴和照顾可能导致女性生理和心理健康恶化，食物消费也随之受到影响。不仅如此，长寿不等于健康，换言之，女性寿命长不等于身体（健康）状况良好的时间长。生物学研究证实，70 岁以后，老年人器官功能明显衰退，抵抗疾病的能力大大下降，患慢性病的概率增高。随着年龄的增加，老年人患慢性疾病的概率明显增加，位列前几位的主要为白内障、高血压、支气管病、胃肠溃疡、前列腺炎（柳玉芝，2001）。与男性相比，女性老人（尤其是高龄女性老人）患慢性疾病概率更大，且患病后获得照料、自身就医能力和经济实力较差，导致健康状态更差，随之影响食物消费。由此我们可以得出如下假说：

假说 3 - 4：高龄阶段存在性别差异，加之男性和女性健康状况不同，这会导致老龄化对男性和女性老人食物消费的影响存在差异。

我国的人口老龄化是伴随着区域经济发展而产生的，与地区的经济发展存在着明显的相关性（王志宝等，2013），进而考虑老龄化过程中的地区差异性对食物消费的影响。一方面，发达地区（比如东部沿海地区）雄厚的经济实力将会吸引劳动力的省份间流动，造成了流入地"椭圆形"人口结构，积累了下一期的老年人口，即"就地养老"；不仅如此，发达地区健全的养老医疗体系将会吸引有经济条件的老年人口集聚，进一步提高了本地人口老龄化率，最终导致发达地区老年人口绝对量提升。综合考虑，虽然发达地区老龄化程度更高，但该地区医疗和养老等体系健全，老人拥有良好的健康意识和稳定的收入，食物消费更为健康。

另一方面，欠发达地区（比如中西部地区）将出现流出地的"哑铃型"人口结构，总人口缩减，本地老年人口比重相对提升。与东部地区相比，中西部地区经济发展及生活条件、相关的医疗社会保障相对落后。蒋乃华等（2002）发现，由于东部沿海城市经济发展带来基础设施建设、社会保障和人们健康意识的提高，地区间收入差距的存在对居民食物消费影响更多表现在消费数量上。这意味着地区之间收入差距客观存在且会影响食物消费，故我们认为这对中部和西部居民的食物消费不利。此外，我国居民食物消费具有很强的区域性，这也将会影响食物消费。由此我们可以得出如下假说：

假说 3-5：区域经济发展不平衡带来老龄程度存在地区差异，加之地区间的老人健康意识不同，这会导致老龄化对食物消费的作用存在地区差异。

依照上述理论分析，老龄化过程中个体机能下降食物消费总量减少是必然规律，但我国老龄化过程中城乡之间、性别之间和地区之间老龄化水平存在差异，加之城乡、性别和地区之间老年人口食物消费有不同特点，上述背景下老龄化对食物消费总量的减少作用存在差异。

虽然消费总量减少是各类食物消费"此消彼长"后的结果，但不意味着细分后的各类食物消费变化表现出相同的减少趋势。加之食物消费受收入、消费习惯和消费方式的影响。所以，笼统地认为老龄化减少食物消费的观念需要修正，未来各类食物消费的变化趋势不能一概而论。

3.3 本章小结

本章基于"人口转变理论"和"消费函数理论"分析我国人口结构老化对食物消费的影响。老龄化带来老年人口逐渐增加，较其他人群而言，老年人口身体机能和健康状况导致总体食物消费水平下降，但总体消费是各类食物消费"此消彼长"加总的结果。换言之，细分后的各类食物消费未必会一致表现出随着年龄增加而消费下降的趋势。

进一步结合我国老龄化的特点（农村老龄化程度高于城市、高龄阶段女性比例高于男性、东部地区老龄化程度高于中西部地区），理论分析认为：老龄化对食物消费的影响存在不同年龄、地区、城乡和性别差异，也就是各类食物消费的变化受到个体年龄、地区差异、城乡和性别差异的影响，且这种影响是动态变化的。

第 4 章 人口老龄化进程中食物消费变化的实证检验

第 2 章中，对不同年龄阶段食物消费变化的统计描述发现：老龄化过程中，不同种类食物在各个年龄阶段变化不同；第 3 章则从理论上分析老龄化对各类食物的影响，而现实中，老龄化是否是导致各类食物消费变化的主要因素？如果是，将在多大程度上影响各类食物消费？为此，本章基于微观视角，采用 CHNS 1997—2011 的面板数据，检验老龄化与食物消费变化之间是否有关联。

4.1 引言

人口老龄化对我国的影响是持久和深远的，其影响现已波及社会经济发展的各个方面，消费领域就是其中之一。有关老龄化对我国消费的影响的相关研究目前仍未能得到一致的研究结论。现有研究观点进行归纳，分别是：一，随着老龄化进程的加快，消费将与之共同增长；二，消费将不会受到影响；三，老龄化对消费的影响不能一概而论，是动态变化的。具体研究有，王宇鹏（2011）对我国城镇居民消费行为的研究证实：老龄化影响居民消费行为，城镇居民的老年抚养比越高，平均消费倾向越高。李春琦等（2009）动态看待抚养比变化对消费的影响，发现对农村居民而言，无论是少儿抚养比还是老年抚养比都会对最终消费带来负面影响。李通屏等（2006）通过阐述人口结构变化对消费的影响机理后发现，人口结构变化必然会带来消费水平的下降。李文星等（2009）与李春琦等（2009）的研究结论不同，认为仅有少儿抚养比会对消费产生负面影响，而老年抚养比并不会影响消费，这意味着人口年龄结构变化并非居民消费率过低的原因。

总结上述有关研究可归纳为两点：第一，研究者更多关注人口转型对居民八大类消费品①总量的影响（余永定等，2000；袁志刚等，2000；王金营等，2006），而从人口结构视角讨论食物消费变化的文献较少。少有的关于人口结构变动与食物消费变动关系的研究也仅仅是认为老龄化会减少食物消费。向晶（2013）从粮食消费总量变化作为切入点，采用卡路里摄入变化证实上述观点。白军飞等（2013）基于家庭调研数据认为老龄化将导致肉类需求减少。如果研究只是关注消费总量的变化，缺少对消费结构变化的关注，将会导致人口结构老化与消费总量间关系在产品层面的加总谬误（aggregation bias）问题（茅锐等，2014）。总消费是不同行业消费的加总结果，并不能探究具体行业的需求。朱勤和魏涛远（2016）证实人口老龄化对中国居民消费在总量层面上影响不大；在消费结构层面对不同消费类别的影响差异明显，其中对医疗保健类消费的促进作用最大。推广至食物消费领域分析也同样如此，更贴近现实的情况是：不同年龄的食物消费结构不同，老龄化对各类食物消费的影响相互交织后可能相互抵消。所以，仅关注食物总量变化未必能完全识别老龄化带来的影响。人口老龄化过程中，简单地认为食物消费总量下降而忽视细分后各类食物消费变化的差异，将导致对未来食物分类别需求的有偏判断，进而进行政策调控可能导致农业生产结构的失衡。

第二，现有研究忽视了不同年龄群体内部个体之间的差异性。现有的理论或实证研究中，表示年龄结构老化的变量主要涉及少儿和老年人口占比、少儿和老年人口抚养比等比例指标（李文星等，2008；杨汝岱等，2009；Horioka et al.，2006）；即使

---

① 具体包括食品、衣着、家庭设备用品及服务、医疗保健、交通和通信、教育文化娱乐服务、居住和其他消费支出。

采用年龄组变量，也仅仅是将年龄组分为少儿、劳动年龄人口、老年 3 个大类（王金营等，2006），如此分类不仅无法将消费分解到个人还掩盖了每类人群内部个体间的巨大差别。穆光宗等（2004）指出，老年群体内部存在很大的差异性。忽视其群体内部的差异性，导致实证研究不能为理论研究提供一致性的证据（茅锐等，2014）。

综上所述，分析老龄化对食物消费的影响有必要在不同年龄阶段依次展开，然后分析各类食物消费的变化。由于上述研究不足，本章将借鉴已有的研究，采用 CHNS 1997—2011 年的微观数据，在考虑其他可能的影响因素前提下，讨论老龄化是否对食物消费变化有影响，有何种影响。同时克服现有研究中采用宏观人口结构指标的不足，分类别讨论不同种类食物在不同年龄阶段的变化，并基于老龄化背景来判断居民各类食物消费的变动趋势。这对扩大内需、调整经济结构、制定产业政策具有重要意义。

4.2 分析方法与数据说明

4.2.1 分析方法

人口学中，年龄（性别）模式可以用来分析影响某一人口学事件的年龄效应和性别效应，预测人口规模和结构变动对该事件的影响（米红等，2014）。为证实老龄化过程中年龄是不是影响食物消费变化的决定因素，本章的研究将采用人口学中相关年龄模式的讨论，同时借鉴 Mankiw et al.（1989）[1] 对不同年龄消费分析建立的计量模型，量化分析对不同年龄阶段人

---

① 对不同年龄的住房需求研究时提出：某些消费行为不是以个人为单位，是以家庭户为单位进行的，是由家庭户成员共同发生的，无法以个人为单位直接进行分摊。这使得分析个体的年龄和性别效应、预测人口老龄化等变动趋势对未来消费的影响带来了很大的困难。

口的各类食物消费变化。Mankiw 等（1989）建立的计量模型如下：

$$C_{jk} = \alpha_{0k}Dummy0_{jk} + \alpha_{ik}Dummy1_{jk} + \cdots + \alpha_{ik}Dummyn_{jk} + e_{jk}$$

$$(4-1)$$

其中，C_{jk} 是个体 j 的 k 类食物消费情况，$Dummy$ 是一组虚拟变量，如果 j 个体年龄为 0 岁即为 $Dummy0=1$；如果 j 个体年龄为 1 岁即为 $Dummy1=1$；如此往复。其中，各年龄代表性消费者的消费水平 α_{ik} 是待估参数。需要说明的是，在（4-1）公式中，虚拟变量 $Dummyi$ 前的系数 α_i 仅仅表示年龄为 i 的代表性消费者的消费水平，并不是决定消费变化的年龄效应[①]。依照经济学理论，食物消费水平不仅仅受年龄的影响，至少还需要同时考虑以下 3 个方面：不同个体在收入、财富和教育水平等社会和经济特征方面存在差异；不同个体所处的年份不同，可能面临不同的宏观环境；不同个体的出生年代也不同，可能有不同的成长经历（程令国等，2011）。通常将第一种效应称为社会和经济特征效应，也称收入效应和财富效应。第二和第三种效应则分别被分别称为时期效应（period effect）和队列效应（cohort effect）。系数 α_i 间的差异不仅仅是指年龄的差异，还包括社会经济特征的差异。鉴于此，要讨论年龄与食物消费的关系，需要控制影响消费变化的其他因素，单独考察年龄效应；也只有这样，个体食物消费的演变趋势才是由年龄变化本身导致的。换言之，这种食物消费的变化才真正是由人口结构老化导

---

① Mankiw 和 Weil（1989）的模型只以年龄构成作为决定住房需求的自变量，忽略了通常会出现在需求函数中的重要变量——收入或消费预算约束。对此，Mankiw 和 Weil 的解释是：研究的目的是基于成员年龄来预测住房需求，而对于多元回归中年龄变量的实际参数并不感兴趣；因此，忽略任何与年龄因素相关的收入或其他家庭特征都不成问题，反而会由于忽略这些与年龄存在多重共线性的变量而使年龄对于住房需求的预测能力有所加强。但这一解释受到不少质疑，Hamilton（1991）Swan（1995）等均认为，家庭收入是影响（住房）需求的不可或缺的因素。

致的。

为此，首先在（4-1）式基础上控制社会和经济特征效应，主要是收入效应和财富效应。杨汝岱等（2009）提出，如果效用函数不是位似的（homothetic），收入效应和财富效应就会导致消费随年龄改变。鉴于此，本章的研究将反映收入效应和财富效应的控制变量添加到（4-1）式之中，以此来分离社会经济因素对年龄变量的干扰。为了进一步分离出时期效应和队列效应的影响，假设 x 是剔除社会和经济特征效应后，某年某岁消费者的消费水平，取决于消费者年龄、所处年份和所处的出生组群，即出生年份。要分解出年龄效应，就必须控制 x 中的时期效应和队列效应。然而，3 种效应之间却存在以下线性关系：

$$x(a,t,t-a) = g_1(a) + g_2(t) + g_3(t-a)$$

$$(4-2)$$

其中，g_1 （a）是年龄效应，即不同年份中年龄为 α 的消费者的平均支出水平；g_2 （t）是时期效应，即第 t 年的不同年龄消费者的平均支出水平；g_3 （$t-a$）是队列效应，即不同年份中同在 $t-a$ 年出生的一代人的平均支出水平。所以，给定个体的年龄、年份和组群中的任何两个，就能判断出个体另一个。换言之，如果将年龄、年份和队列 3 方面的效应一起进入计量模型估算，将会导致多重共线性问题（Holford，1991）。

为了保证结果的有效性，学者对其进行了很多探索①，本章的研究将借鉴 Heathcote et al.（2004）对此问题的解决方法。该方法思路的是：在区分年龄效应时，与其试图把 3 种效应同时放进计量模型，不如事先判断时期效应相对于队列效应的重要性。如果其中之一可以忽略，那么只要在年龄之外再控制相对重要的那种效应，就能达到区分年龄效应的目的。按照这一思路，

---

① 详细见 Holford（1983，1991）；Glenn（2003，2005）；Keyes et al（2010）。

上述问题转换为如何判断两种效应的重要性，而年龄别之间的差异可以分解为 3 个部分：

第一，给定任意两个相同年龄的个体在不同年份间的食物消费差异，即：

$$\Delta x_{t,t+1}^{a} = g_2(t+1) - g_2(t) + g_3(t+1-a) - g_3$$
$$(t-a) = \Delta g_2(t) + \Delta g_3(t-a) \qquad (4-3a)$$

上述平均效应可以写成：

$$\overline{\Delta x_{t,t+1}^{a}} = \overline{\Delta g_2}(t) + \overline{\Delta g_3}(t) \qquad (4-3b)$$

第二，给定任意两个相同出生年份的个体在不同年份之间的差异，比如，比较不同年份中相同出生日期的个体的食物消费差异，即：

$$\Delta x_{t,t+1}^{c} = g_1(a+1) - g_1(a) + g_2(t+1) - g_2(t)$$
$$= \Delta g_1(a) + \Delta g_2(t) \qquad (4-4a)$$

上述平均效应可以写成：

$$\overline{\Delta x_{t,t+1}^{c}} = \overline{\Delta g_1} + \overline{\Delta g_2}(t) \qquad (4-4b)$$

第三，给定任意两个不同年龄的个体在相同年份中食物消费的差异，即：

$$\Delta x_{a,a+1}^{t} = g_1(a+1) - g_1(a) + g_3((t+1)-(a+1)) -$$
$$g_3((t+1)-a) = \Delta g_1(a) + \Delta g_3(t-a)$$
$$(4-5a)$$

上述平均效应可以写成：

$$\overline{\Delta x_{a,a+1}^{t}} = \overline{\Delta g_1}(a) + \overline{\Delta g_3}(t) \qquad (4-5b)$$

Juhn 等（1993）认为，$\overline{\Delta x_{t,t+1}^{a}}$ 和 $\overline{\Delta x_{t,t+1}^{c}}$ 有相同的时间部分即 $\Delta g_2(t)$，意味着如果时期效应更为重要，$\overline{\Delta x_{t,t+1}^{a}}$ 和 $\overline{\Delta x_{t,t+1}^{c}}$ 应该是高度相关的。然而，倘若 $\overline{\Delta g_1}$ 和 $\overline{\Delta g_1}(a)$ 相关，即使时期效果不存在，$\overline{\Delta x_{t,t+1}^{a}}$ 和 $\overline{\Delta x_{t,t+1}^{c}}$ 也会相关。所以，Heathcote 等（2004）提出，如果满足以下两个条件，可以认为，相比队列效应，时期效应更为重要：$\overline{\Delta x_{t,t+1}^{a}}$ 和 $\overline{\Delta x_{t,t+1}^{c}}$ 两者高度相关；$\overline{\Delta x_{t,t+1}^{c}}$

不为常数且 $\overline{\Delta x_{a,a+1}^{t}}$ 不等以 0（具体变化情况见附表 1）

上述变化表明，在对（3-1）式的计量参数估计中，为了避免多重共线性对估计结果的影响，估计等式中仅控制时期效应即可。换言之，同时控制时期和社会经济效应即可获得年龄的净效应，所以，在（3-1）式的基础上加入社会、经济特征外同时控制时期效应。如此一来，我们需要估计式子变为：

$$C_{jk} = c_{jk} + \alpha'_{0k}Dummy_{0jk} + \alpha'_{ik}Dummy1_{jk} + \cdots +$$
$$\alpha'_{ik}Dummyn_{jk} + \beta social_j + T + e_{jk} \qquad (4-6)$$

其中，$social_j$ 是个体社会经济特征，T 是年份固定效应。其他变量不变，这里的参数 α'_{ik} 才是年龄的"净效应"。

如果假设各类食物消费之间不存在影响，那么采用 OLS 进行估计（4-6）式是合适的；由于（4-6）式中描述的分类别食物消费之间是相互联系的，不同食物方程的随机误差项之间存在相关性，直接采用 OLS 进行估计存在偏差。因此，本章的研究采用系统估计方法"似不相关回归"（Seemingly unrelated regression，SUR）（Greene，2002）进行联合估计，这将有助于提高估计性能。然而，系统估计也有可能因某一方程的加大误差带入其他方程，从而影响整个系统估计。例如，存在方程间误差相关的情况下，SUR 估计结果优于单方程估计结果（就系数的统计显著性而言，拟合会恶化）。需要注意的是，若某个方程设定错误，用 SUR 方法会导致整个系统模型出现错误。所以作为比较，我们在附录部分展示了采用 OLS 回归的结果（附表 2）。

似不相关模型假定：共有 n 个方程（n 个被解释变量），每个方程共有 T 个观测值，T＞n。在第 i 个方程中，共有 K_i 个解释变量。第 i 个方程可以写为：

$$y_i = X_i\beta_i + \varepsilon_i \qquad (i = 1,2,\cdots n)$$

将所有方程写在一起为：

$$
y \equiv \begin{bmatrix} y_1 \\ y_2 \\ \cdots \\ y_n \end{bmatrix} = \begin{bmatrix} X_1 & & & \\ & X_2 & & 0 \\ & & \cdots & \\ 0 & & & X_n \end{bmatrix} \begin{bmatrix} \beta_1 \\ \beta_2 \\ \cdots \\ \beta_n \end{bmatrix} + \begin{bmatrix} \varepsilon_1 \\ \varepsilon_2 \\ \cdots \\ \varepsilon_n \end{bmatrix} \equiv X\beta + \varepsilon
$$

假设同一方程不同时期的扰动项 ε 不存在自相关，且方差相同，记第 i 个方程的方差为 σ_{ij}。则协方差阵 Ω 中主对角线上的第 (i, j) 个矩阵为：

$$
E(\varepsilon_i \varepsilon_i') = \sigma_{ii} I_T
$$

假设不同扰动项之间存在同期相关，即：

$$
E(\varepsilon_{it} \varepsilon_{js}') = \sigma_{ij}, t = s
$$

$$
E(\varepsilon_{it} \varepsilon_{js}') = 0, t \neq s
$$

协方差阵 Ω 中第 (i, j) 个矩阵 $(i \neq j)$ 为：

$$
E(\varepsilon_i \varepsilon_j') = \sigma_{ij} I_T
$$

综上结果可知：

$$
\Omega = \begin{bmatrix} \sigma_{11} I_T & \sigma_{12} I_T & \cdots & \sigma_{1n} I_T \\ \sigma_{21} I_T & \sigma_{22} I_T & \cdots & \sigma_{2n} I_T \\ \cdots & \cdots & \cdots & \cdots \\ \sigma_{n1} I_T & \sigma_{n1} I_T & \cdots & \sigma_{nn} I_T \end{bmatrix}
$$

由于 Ω 中每个小块矩阵都有共同因子 I_T，研究将 I_T 提取出来，具体通过矩阵"克罗内克尔乘积"实现。使用"克罗内克尔乘积"将扰动项 ε 的协方差矩阵简化为：

$$
\Omega = \begin{bmatrix} \sigma_{11} & \sigma_{12} & \cdots & \sigma_{1n} \\ \sigma_{21} & \sigma_{22} & \cdots & \sigma_{2n} \\ \cdots & \cdots & \cdots & \cdots \\ \sigma_{n1} & \sigma_{n1} & \cdots & \sigma_{nn} \end{bmatrix} \otimes I_T \equiv \sum \otimes I_T
$$

其中 $\sum \equiv \begin{bmatrix} \sigma_{11} & \sigma_{12} & \cdots & \sigma_{1n} \\ \sigma_{21} & \sigma_{22} & \cdots & \sigma_{2n} \\ \cdots & \cdots & \cdots & \cdots \\ \sigma_{n1} & \sigma_{n1} & \cdots & \sigma_{nn} \end{bmatrix}$ 为同期协方差矩阵。根据克

罗内克尔乘积性质，Ω 的逆矩阵可写为 $\Omega^{-1} = \sum^{-1} \otimes I_T$。由于 Ω 不是单位矩阵，所以采用 OLS 不是最有效率的。如果 Ω 已知，则 GLS 是最有效率的估计方法：$\hat{\beta}_{GLS} = (X' \Omega^{-1} X)^{-1} X' \Omega^{-1} y = [X' (\sum^{-1} \otimes I_T) X]^{-1} X' (\sum^{-1} \otimes I_T) y$ 然而，现实中 Ω 是未知的，一般首先要估计 Ω 然后再进行 FGLS 估计。由于对每个方程分别进行 OLS 回归也是一致的，所以使用单一方程的 OLS 残差一致地估计 σ_{ij}。假设第 i 个方程的 OLS 残差为 e_i，则 σ_{ij} 一致估计量为 $\hat{\sigma}_{ij} = \frac{1}{T} e'_i e_j = \frac{1}{T} \sum_{t=1}^{T} e_{it} e_{jt}$

因此，$\hat{\Omega} = \begin{pmatrix} \sigma_{11} & \sigma_{12} & \cdots & \sigma_{1n} \\ \sigma_{21} & \sigma_{22} & & \sigma_{2n} \\ & & & \\ \sigma_{n1} & \sigma_{n2} & & \sigma_{nn} \end{pmatrix} \otimes I_T$。将 $\hat{\Omega}$ 代入方程 $\hat{\beta}_{GLS} = (X' \Omega^{-1} X)^{-1} X' \Omega^{-1} y = [X' (\sum^{-1} \otimes I_T) X]^{-1} X' (\sum^{-1} \otimes I_T) y$ 得到 SUR 估计量

$\hat{\beta}_{SUR} = (X' \Omega^{-1} X)^{-1} X' \Omega^{-1} y$ 即为"似不相关估计量"。使用 FLGS 后得到新的残差，带入后再一次计算 Ω，不断迭代直到估计值收敛。

采用系统回归分析考虑了各类食物之间的相互关系，同时通过控制时期效应和社会经济效应来获得年龄的净效应。时期效应可以通过控制年份来实现，社会经济效应包含各个方面，对此，我们在需求理论的基础上考虑现实社会发展，主要考虑以下几方面。

（1）人口数量情况

在发展中国家，人们通常认为家庭规模越大越贫困。因此，家庭成员数量越多，与之对应的食物消费支出越大或者食物消费支出的比重增加（Meenakshi，2002）。考虑数据的可获得性，所以本章的研究选取家庭人口规模作为人口数量的代理变量。

（2）人口质量（或者人口素质）

受教育程度是考察人口素质的重要指标（Campbell，2006）。从微观看，教育程度对食物消费行为有显著影响，受教育程度高的家庭，其食物消费更加多元化，膳食行为更加健康（Samuelson，2004）；从宏观看，经济发展不平衡不仅体现在经济收入水平上，还体现在地方平均受教育水平上。比如，东部地区居民受教育水平整体高于中西部地区居民，相应地，东部地区居民整体健康意识也高于中西部地区，这将会在一定程度上影响个体食物消费。结合变量数据的可获得性，所以本章的研究选取平均受教育程度作为人口素质的代理变量。

（3）生理健康因素

除了经济方面的影响，食物消费在很大程度上也受限于个体生理状况。举例来说，糖尿病患者的食物选择不仅范围受限，而且食物消费数量上也受到严格的限制，通常糖尿病患者需要保证每日一定量的肉类摄入以及在谷物消费中减少细粮的消费，在消费水果时减少糖分较高的水果等。意味着，个体健康状况的好坏将会直接影响个体吃什么，吃多少。结合变量数据的可获得性，本章的研究选取"过去一周是否生病"作为生理健康与否的代理变量。

（4）社会保障制度因素

从国内已有的文献看（赵进文等，2010；甘犁等，2010），2008 年城镇职工医疗保险带动了 4.16 倍的城镇家庭消费，而基本医疗保险约带动全国 7％的消费。可见社会保障的完善能显著提高家庭消费支出，食物消费作为最基本的消费理应也会受此影响。鉴于数据限制，本章的研究以"是否参与医疗保险"作为社会保障因素的代理变量。

（5）城乡经济发展不平衡因素

政策、交通、地理、人口等多重因素导致我国城乡经济一直面临发展不平衡。经济发展不平衡将会导致个体收入、消费习惯和消费行为的不同，可见城乡经济发展存在差异背景下，年龄对城乡食物消费的影响机制可能不同。本章的研究以调查地点是在城镇还是农村作为经济发展不平衡因素的代理变量。

（6）消费升级因素

伴随经济发展，无论是消费水平还是消费结构都发生了重大变化，所以，本章的研究采用个人年收入（消除通货膨胀的影响）作为消费升级因素的代理变量。依照经济学理论，收入也是影响消费的主要因素之一。

（7）价格因素

价格也是消费理论中不能忽视的影响消费因素之一，在收入不变的条件下，某种食物价格增加，将直接减少该类食物消费间接增加其替代品消费。考虑个体面对不同种类食物价格核算困难，本章的研究假设样本居民在调查期内（3 天）所面对的食物市场价格相同，通过地区虚拟变量控制城市间价格对食物消费的影响。

（8）个体特征

个体特征涉及 3 个方面，分别为民族、婚姻状况和性别。[①]之所以选择民族是出于两方面考虑，一方面，张小飞等（2014）发现少数民族的饮食具有自己特点，另一方面，少数民族之间的经济状况差别很大。之所以选择婚姻状况是由于随着年龄的增加，婚姻状况和健康状况紧密相关。顾大男（1990）发现，有配偶的老人的健康情况远远好于没有配偶的老人。这里对婚姻的定义有所不同，对于 60 岁以上个体婚姻情况，不单单考虑个体在回答问卷中"是否结婚"这一问题的答案，还应同时考虑老人是否与配偶住在一起，若老人回答有配偶且还与配偶同住方才认为"已婚"。女性是家庭食物消费的主要决策者，不仅决定家庭吃什么甚至还间接决定吃多少（食物的分配）。也有研究发现，女性通常有更强的健康意识，在肉类、蔬菜和水果上消费有明显特点（Prattala et al.，2006）。所以本章的研究考虑性别差异对各类食物消费的影响。

4.2.2　数据说明

本章的研究数据主要来自中国居民健康与营养调查项目（CHNS）的数据。数据是由美国北卡罗来纳大学人口研究中心、美国国家营养与食物安全研究所和中国疾病与预防控制中心合作开展的调查项目。该调查始于 1989 年，采用多阶段整群抽样的方法，覆盖了我国东部沿海、中部和西部等地区的农村与城市居民。到目前为止，该项目一共进行了 9 次调研，分别是 1989 年、1991 年、1993 年、1997 年、2000 年、2004 年、2006 年、2009 年和 2011 年。调查收集了个人和家庭的社会经济特征、营养和健康状况以及社区环境；调查对象连续 3 天的食物消费信息，比如每餐的就餐地点、就餐种类及数量以及就餐人数。最重要的是该调查详细记录了家庭中每个人每天消费各种食物的具体情况。这为我们比较不同年龄老年人的具体食物消费提供了重要的数据保障。在本章中，主要使用 1997—2011 年个体每天各类食物消费数量作为因变量，便于未来分析，按照《中国居民膳食指南》提出的膳食宝塔，将食物分为 9 个大类。在具体考察过程中，为了减少异常值的影响，本章的研究舍去了大于 5 个标准差之外的样本。

CHNS 数据显示：1997 年的年龄均值从 42.6 岁逐渐上升至 2011 年的 53 岁。与此同时，本章的研究以 60 岁以上人口占比表示老龄化程度，老龄化程度由 1997 年的 12.91%，上升为 2011 年的 29.83%，这意味着我国老龄化程度的进一步加深。以往研究人口老龄化的文献多数采用少儿（15 岁以下）和老年（65 岁以上）抚养比来刻画人口年龄结构（李文星，2008；杨汝岱等，2009；Horioka et al.，2006），这无疑掩盖了每类人群内部个体之间的巨大差别。因此，本章的研究通过细化年龄来揭示人群内部的个体差异。一般而言，最为理想的年龄分类是对每个年龄分类，但考虑到研究对象食物消费在个体 60 岁和 65 岁时消费差别不大，同时为了简化分析，研究采用每 10 岁设定为一个年龄阶段。鉴于数据的可获得性，我们选用 1997—2011 年调查所组成的数据①，18 岁以上的有效样本为个 46 184，不同年龄阶段样本分布为 18～29 岁样本 5 692 个，占 12.32%；30～39 岁样本 8 715 个，占 18.87%；40～49 岁样本 10 531 个，占 22.80%；50～59 岁样本 9 044 个，占 19.58%；60～69 岁样本 6 348 个，占 13.75%；70～79 岁样本 3 827 个，占 8.29%；80 岁及以上样本 2 009 个，占 4.35%。被解释变量为各类食物消费情况，解释变量包括个人层面的年龄、收入、健康状况、性别、教育、婚姻状况、民族等，家庭层面的家庭规模等，具体变量定义见表 4-1。以下面将对这些变量简单做分析。

表 4-1　变量的说明

变量	代码	定义	观察值	Mean	S. D.	最小值	最大值
谷物	Mean1	克/天	46 184	436.72	157.24	183.31	871.75
豆类	Mean2	克/天	46 184	49.02	57.30	0	191.77
蔬菜	Mean3	克/天	46 184	339.11	158.5	100	683.34
水果	Mean4	克/天	46 184	39.83	75.38	0	258.36
畜肉	Mean5	克/天	46 184	68.99	64.01	0	216.74
禽肉	Mean6	克/天	46 184	12.41	26.42	0	91.67
奶制品	Mean7	克/天	46 184	10.14	32.74	0	133.33
蛋类	Mean8	克/天	46 184	26.04	30.03	0	100
水产品	Mean9	克/天	46 184	28.20	43.45	0	140
家庭规模	hhsize	家庭吃饭的人数（人）	46 174	3.74	1.52	1	13
收入	Inc	采用 CPI 指数平减，元/年	46 184	11 579	10 359	463.15	37 915
城乡	t2	城市=1	46 184	0.35	0.48	0	1
健康状况	m23	生病=1	46 086	0.13	0.34	0	1

---

① CHNS 调研数据开始于 1989 年，样本之所以选择从 1997 年开始是考虑食物代码的可获得性和一致性。食物代码的详细信息详见数据说明 (1.5.2)。

（续）

变量	代码	定义	观察值	Mean	S. D.	最小值	最大值
受教育程度	a12	最高受教育程度 1～6	45 956	1.85	1.44	0	6
婚姻状况	marri	结婚＝1	46 184	0.86	0.35	0	1
性别	gender	男性＝1	46 184	0.50	0.50	0	1
民族	hanzu	汉族＝1	46 184	0.88	0.33	0	1
社会保障	ins	有医疗保险＝1	46 184	0.57	0.50	0	1

注：数据源自 CHNS，作者整理。

最高受教育程度等级：1＝小学毕业；2＝初中毕业；3＝高中毕业；4＝中等技术学校、职业学校毕业；5＝大专或大学毕业；6＝硕士及以上。

（1）不同种类食物消费是本章研究的因变量

表 4-2 显示了主要变量在不同年龄阶段的变化。从表 4-2 可知，将食物消费分为 9 类食物。在不考虑其他影响因素的情况下，分别考察各类食物随着年龄所在的变化。具体来看，仅有谷物、蔬菜和畜肉的消费随着年龄增加而稳定下降，18～29 岁人群谷物、蔬菜和畜肉消费水平分别为 448.07 克/天、332.55 克/天和 69.88 克/天，80 岁以上级的就下降为 310.58 克/天、259.67 克/天和 58.15 克/天；相反，奶制品和水果消费随着年龄增加而显著增加，18～29 岁人群奶制品平均每天消费 7.79 克/天，80 岁级以上却增加至 26.62 克/天；同时期内水果消费也随年龄增加而增加，但增幅小于奶制品；豆类、蛋类和水产品老年阶段的消费水平基本与青年阶段一样，或者略高于青年阶段。

（2）健康变量

CHNS 问卷中关于人口健康的数据有两类，一类是自评健康，另一类是疾病患病情况。自评健康尽管具有很强的主观性但却是常用指标之一，原因在于它不仅与死亡率等客观指标高度相关，有力地反映个人健康状况，而且数据易获得且质量高（Gerdtham et al.，1999）问卷从 1997 年开始询问成人"与同龄人相比，你觉得自己的健康状况怎么样？"关于自评健康的问题，但该数据在 2006 年以后没有记录，鉴于数据的一致性，本章的研究对于健康变量的测量选取患病情况作为度量。研究中选取"过去一周是否生病"作为健康的代理变量。从健康情况的变化来看，随着年龄的推移即老龄化程度加深，个体健康状况变差。余央央（2008）年采用 CHNS 自评健康指标发现，随着年龄的增加，个体自评健康下降，从个体主观角度刻画健康状况的变化，与本章的研究观点一致。

表 4 - 2　样本主要变量描述

变量	18~29 岁	30~39 岁	40~49 岁	50~59 岁	60~69 岁	70~79 岁	≥80 岁
自变量							
谷物	448.07	456.46	451.29	440.25	411.44	361.27	310.58
豆类	45.52	47.87	49.42	49.46	51.14	52.20	46.82
蔬菜	332.55	339.03	346.76	349.74	334.46	309.92	259.67
水果	34.04	36.00	39.47	42.27	43.20	47.31	47.73
畜肉	69.88	72.11	72.01	67.94	63.91	62.27	58.15
禽肉	13.41	13.71	12.49	12.01	11.94	11.51	13.14
奶制品	7.793	7.133	7.820	10.61	14.02	20.19	26.62
蛋类	23.34	25.45	26.33	26.66	26.17	29.35	27.61
水产品	24.79	28.42	28.19	29.91	28.26	28.05	28.79
因变量							
家庭规模	4.41	4.10	3.75	3.58	3.30	2.95	2.85
收入（元）	9 815	12 021	12 543	11 711	10 573	10 466	10 289
城乡	0.33	0.32	0.32	0.34	0.38	0.37	0.34
健康状况	0.06	0.08	0.10	0.15	0.22	0.29	0.32
受教育程度	2.46	2.25	1.99	1.58	1.31	1.11	1.12
婚姻状况	0.54	0.93	0.95	0.92	0.84	0.61	0.53
性别	0.51	0.48	0.49	0.50	0.52	0.44	0.47
民族	0.86	0.88	0.88	0.86	0.88	0.89	0.88

（续）

变量	18～29 岁	30～39 岁	40～49 岁	50～59 岁	60～69 岁	70～79 岁	≥80 岁
社会保障	0.41	0.50	0.57	0.617	0.667	0.702	0.659
N	5 692	8 715	10 531	9 044	6 348	3 827	2 009

注：作者依据 CHNS 数据整理。

（3）性别和城乡变量

从性别变量随年龄变化来看，年龄越大，男性居民所占的比重越小，这符合现实。通常而言，女性寿命要长于男性。与此同时，随着年龄增加农村样本所占比重增加，也侧面说明农村老龄化程度要比城市严重。

（4）收入和医疗保险

对于个体收入水平，研究中选取个体的实际现金收入作为解释变量。在具体的数据处理过程中，研究中舍弃了大于 5 个标准差的异常值以及部分存在负收入的个体。为避免通货膨胀的影响，对个体收入采用 CPI 指数平减。由表 4 - 2 可知，个体收入从 30～39 岁人均收入 12 021 元下降至 80 岁级的 10 289 元，下降了 14.4%。这意味着老年人的经济状况每况愈下。医疗保险方面，随着年龄增加，由于个体健康状况变差，为了预防未来由于健康状况的不确定性对消费的影响，个体健康情况变差导致参保率上升。

（5）婚姻状况

在 18～29 岁人群中，结婚的人数占 54%，随着年龄增人群中结婚的比例增加至 90% 以上，而到 70 岁以后这一比例逐渐下降，70～79 岁人群中结婚的比例为 60%，80 岁级人群中该比例则继续下降至 53%。

（6）受教育程度

表 4 - 2 显示受教育程度随着年龄的增加而减少，这符合现实情况，年龄较大的个体所处时代导致个体受教育程度较低，样本中 60 岁以上个体的文化程度多数为小学毕业，文化程度较低。

综上所述，在没有考虑其他可能影响因素的情况下发现，随着年龄的增加，分类别来看的食物消费变化并没有和传统观念"老年人食物消费减少"相吻合。以下面将在考虑其他可能影响因素的基础上量化年龄对消费的影响，旨在检验年龄是不是食物消费变化的决定性因素，如果是，将在多大程度上影响食物消费。

4.3 老龄化进程中食物消费变化的量化分析

4.3.1 估计结果分析

基于前文分析，本章的研究首先要判断是否存在队列效应，将通过比较（4-1）式和（4-6）式的估计结果系数实现。图 4-1 展示了考虑队列效应和不考虑队列效应两种情况，即（4-1）式和（4-6）系数比较。即使在剔除收入、社会经济特征和时期效应后，所有食物消费的变化随年龄变化趋势基本一致。这意味着年龄仍是影响食物消费变化随年龄变化的主要因素。进一步分析发现，有几类食物的消费变化值得注意。一，禽肉消费在 80 岁以后的跳跃消失了。年龄效应变化平缓，这说明剔除收入和社会特征后，各个年龄阶段对禽肉的消费需求比较稳定。二，相对于奶制品方面，30～59 岁个体奶制品的消费增加，这里奶制品的提高是由于不断提高的收入水平带来的。高龄阶段奶制品消费在 60 岁以后有所下降，说明是高龄阶段奶制品消费收到队列的影响。三，水果和水产品消费有所下降，这说明水果和水产品消费受经济和队列因素的影响更大。其他种类食物比如谷物、蔬菜和豆类消费差异不大，这符合实际情况。一方面，这 3 类食物收入弹性很小且是日常食物消费中最为常见的，另一方面，这 3 类食物作为主要食物消费组成部分，队列效应不明显。

由于队列效应的存在，下述所有分析将在考虑队列效应影响后展开。基于（4-6）式所示的方程和 CHNS 1997—2011 的数据，剔除其他影响因素后模型估计的结果，分别测度了全国分年

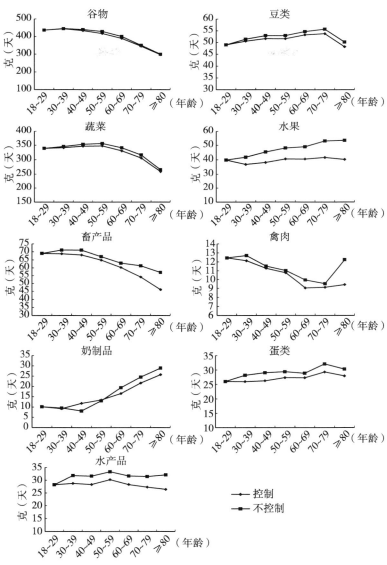

图 4-1　年龄效应走势与个人食物消费随年龄分布的对比

龄的居民食物消费模式。表 4 - 2 所示为全国样本分年龄人口分类食物消费模型的估计结果。附表 Ⅱ 中也显示了采用 OLS 估计后的结果。对比两种方法的估计系数和标准差发现：无论采用何种方法，各类食物的年龄变量都显著，SUR 的系统估计系数与 OLS 估计系数有所差别，这是由于系统 SUR 估计比单方程估计更有效率。所以，以下分析将以 SUR 的系统估计结果为准。

表 4 - 3 所示为各年龄阶段变量和估计参数，正、负符号反映了该年龄人口在给定食物种类的消费中相对基准组消费水平的高、低。从总体模型检验结果来看，列（1）~列（9）显示：9 类食物消费模型的拟合优度在 0.18~0.34，模型均通过显著性为 1% 的 F 检验。从具体参数检验结果看，不同年龄阶段变量的显著性水平在不同类别的消费模型中差别很大。年龄变量显著性最高的为谷物和豆类食物的消费，6 个年龄变量全部通过显著性检验；奶制品和禽肉的年龄变量也很显著，仅有一个年龄变量没有通过显著性检验；随后依次为蛋类、畜肉和蔬菜；年龄变量显著性水平最低的为水果类消费模型，6 个年龄变量中有 3 个通过显著性检验。上述分析结果意味着，年龄变量对多数所选定食物消费的影响在所设计的计量模型中得到较好的拟合。年龄是我们最为关心的变量，以下将依次分析年龄变量对不同种类食物消费的影响。

第一，随着年龄的增加，谷物、蔬菜和畜禽肉类消费水平呈下降趋势。将对 3 类食物变化分别进行阐述。

第一类，谷物消费方面。以 18~29 岁为基准组，30~39 岁人群的谷物消费随着年龄增加而小幅度增加，平均增幅为 8.78 克/天；而进入 40~49 岁以后，个体谷物消费开始下降，降幅不显著；进入中老年后谷物消费迅速下降，50~59 岁、60~69 岁、70~79 岁和 80 岁及以上人群的谷物消费分别下降 18.02 克/天、48.36 克/天、94.85 克/天和 142.00 克/天，且均在 1%~5% 水平上显著，这意味着随着年龄增加，谷物下降幅度增加；换句话说，18~29 岁平均谷物消费 436.67 克/天，相比 18~29 岁人群，60 岁以上老年人群的谷物消费变化幅度在 48.36 克/天～142.00 克/天的范围波动，平均消费水平在 389.23 克/天～297.27 克/天。

第二类，畜禽肉类消费方面。分别来看，在进入中老年阶段以后畜肉消费迅速下降，50～59 岁、60～69 岁、70～79 岁和 80 岁及以上人对畜肉消费分别下降 4.32 克/天、8.73 克/天、13.86 克/天和 22.82 克/天，且都在 1％水平上显著；而禽肉消费在 60～69 岁消费下降后基本上维持在这一水平。

第三类，蔬菜消费方面。相比基准组，30～39 岁、40～49 岁、50～59 岁人群的消费水平随着年龄而增加，增幅分别为 2.08 克/天、7.33 克/天和 8.54 克/天；而进入老年阶段后这一形势出现逆转，蔬菜消费水平下降且在 1％水平上显著，60～69 岁、70～79 岁和 80 岁以上降幅分别为 9.10 克/天、35.03 克/天和 82.95 克/天。归纳总结蔬菜消费变化特点发现，18～49 岁稳定上升，在 40～59 岁达到所有年龄的最高消费水平，进入老年阶段后开始下降，蔬菜消费的变化呈现出"倒 U 形"变化。

第二，奶制品、豆类和蛋类消费显著增加了，并没有呈现出"随年龄增加而下降"的变化趋势。以增幅最大的奶制品消费为例，同样以 18～29 岁作为基准组，发现，30～39 岁、40～49 岁、50～59 岁、60～69 岁、70～79 岁以及 80 岁以上人群均在 1％～5％上消费水平更高，且年龄越大，消费水平增幅越大。比如，相比 18～29 岁人群，50～59 岁人群奶制品消费平均增加 3.05 克/天；60～69 岁、70～79 岁和 80 岁以上人群奶制品消费分别增加 6.68 克/天、12.51 克/天和 18.40 克/天。换言之，相比于 18～29 岁人群，60 岁以上老年人的奶制品消费增量在 6.68 克/天～18.40 克/天之间浮动，而 40～49 岁人群的变化不显著。豆类作为增幅仅次于奶制品的食物，消费变化趋势与奶制品大致相同，唯一的差别是豆类消费在高龄阶段消费有所下降。蛋类消费在进入老年阶段后消费小幅增加，且维持在这一水平。

表 4－3　不同年龄阶段食物消费系统估计结果

单位：克

变量	(1) 谷物	(2) 豆类	(3) 蔬菜	(4) 水果	(5) 畜肉	(6) 禽肉	(7) 奶制品	(8) 蛋类	(9) 水产品
30~39 岁	8.775***	1.766*	2.084	-4.375***	-0.531	-0.415	-1.441***	-0.171	0.341
	(2.509)	(0.993)	(2.753)	(1.217)	(1.009)	(0.448)	(0.525)	(0.505)	(0.713)
40~49 岁	-0.558	2.551***	7.334***	-3.158***	-0.837	-1.295***	-0.0649	0.0337	-0.321
	(2.480)	(0.982)	(2.721)	(1.203)	(0.997)	(0.443)	(0.519)	(0.499)	(0.704)
50~59 岁	-18.02***	2.325**	8.538***	-0.673	-4.320***	-1.908***	3.047***	1.063**	1.798**
	(2.588)	(1.025)	(2.840)	(1.256)	(1.041)	(0.462)	(0.542)	(0.521)	(0.735)
60~69 岁	-48.36***	4.214***	-9.097***	0.201	-8.739***	-3.503***	6.684***	1.135**	-0.101
	(2.846)	(1.127)	(3.124)	(1.381)	(1.144)	(0.508)	(0.596)	(0.573)	(0.809)
70~79 岁	-94.85***	5.580***	-35.03***	1.643*	-13.86***	-4.476***	12.51***	3.528***	-1.043
	(3.514)	(1.391)	(3.857)	(1.015)	(1.413)	(0.628)	(0.736)	(0.707)	(0.998)
≥80 岁	-142.0***	-0.268	-82.95***	1.196	-22.82***	-2.992***	18.40***	2.066	-1.736
	(6.244)	(2.472)	(6.853)	(3.030)	(2.510)	(1.115)	(1.307)	(1.257)	(1.774)
家庭规模	-3.813***	-0.558***	-0.830	-2.208***	-2.078***	0.139	-1.143***	-1.507***	-1.375***
	(0.476)	(0.189)	(0.523)	(0.231)	(0.192)	(0.0851)	(0.0998)	(0.0959)	(0.135)

（续）

变量	(1) 谷物	(2) 豆类	(3) 蔬菜	(4) 水果	(5) 畜肉	(6) 禽肉	(7) 奶制品	(8) 蛋类	(9) 水产品
民族	-8.448***	-0.113	23.25***	4.452***	0.193	-0.756*	2.655***	1.223***	0.432
	(2.334)	(0.924)	(2.561)	(1.132)	(0.938)	(0.417)	(0.489)	(0.470)	(0.663)
受教育程度	-17.72***	2.279***	-8.568***	5.380***	4.868***	1.079***	3.732***	1.675***	1.980***
	(0.561)	(0.222)	(0.616)	(0.272)	(0.226)	(0.100)	(0.118)	(0.113)	(0.159)
健康状况	-10.68***	-2.101***	8.887***	5.638***	-3.407***	0.407	1.279***	-0.444	-2.443***
	(1.975)	(0.782)	(2.167)	(0.958)	(0.794)	(0.353)	(0.413)	(0.397)	(0.561)
婚姻状况	4.626**	0.748	14.16***	2.399***	3.288***	1.005***	-0.323	1.442***	4.159***
	(2.030)	(0.804)	(2.228)	(0.985)	(0.816)	(0.362)	(0.425)	(0.408)	(0.577)
社保情况	-11.40***	1.355*	-8.135***	6.770***	13.49***	2.252***	0.883**	3.464***	2.691***
	(1.802)	(0.713)	(1.977)	(0.874)	(0.724)	(0.322)	(0.377)	(0.363)	(0.512)
城乡	-42.12***	5.815***	0.963	17.95***	19.76***	4.975***	11.95***	4.491***	8.944***
	(1.479)	(0.586)	(1.623)	(0.718)	(0.595)	(0.264)	(0.310)	(0.298)	(0.420)
性别	75.11***	3.303***	26.11***	-10.37***	9.979***	1.191***	-4.263***	0.344	1.495***
	(1.332)	(0.527)	(1.462)	(0.646)	(0.535)	(0.238)	(0.279)	(0.268)	(0.378)

（续）

变量	(1) 谷物	(2) 豆类	(3) 蔬菜	(4) 水果	(5) 畜肉	(6) 禽肉	(7) 奶制品	(8) 蛋类	(9) 水产品
Ln 收入	−6.214***	1.645***	−0.695	3.689***	5.538***	1.197***	1.883***	1.747***	2.114***
	(0.685)	(0.271)	(0.752)	(0.332)	(0.275)	(0.122)	(0.143)	(0.138)	(0.195)
时间	Yes	Yes	Yes	Yes	Yes	Yes	Yes	Yes	Yes
地区	Yes	Yes	Yes	Yes	Yes	Yes	Yes	Yes	Yes
常数项	434.7***	23.14***	272.4***	17.87***	−23.20***	−8.365***	16.77***	15.02***	−13.21***
	(8.293)	(3.283)	(9.101)	(4.024)	(3.334)	(1.481)	(1.736)	(1.669)	(2.356)
N	45 850	45 850	45 850	45 850	45 850	45 850	45 850	45 850	45 850
Adj-R^2	0.32	0.18	0.17	0.21	0.20	0.34	0.22	0.23	0.27

注：方括号中为稳健的标准误差，*、**、***分别代表在 10%、5%、1%的水平上显著。下述相同。

第三，水果和水产品消费在不同年龄阶段消费的差异不大。表 4-3 中也显示出这两类食物消费随年龄变化。从水果消费看，相比于基准组，30~49 岁的青年阶段消费水平下降，进入中老年阶段后水果消费系数虽有所增加但不显著。而在整个生命历程中，水产品的消费变化较小，相对稳定。

控制变量符合我们预期。主要有以下几个方面。

①性别变量，除水果和奶制品两类消费，男性个体消费量均高于女性个体。这是由于男性和女性自身的生理差别，同等情况下，男性自身的身体代谢速度高于女性；相比男性，女性健康饮食和保持苗条身材的观念更强。为保持身材和均衡营养，女性更倾向于用水果和奶制品来代替其他食物。性别变量的显著差异也为后面章节分性别讨论年龄的作用提供依据。

②受教育程度变量，除谷物和蔬菜消费外，受教育程度对个体消费均起促进作用。进一步考察不同种类食物的影响程度发现，受影响较大的是畜禽肉、水果类和奶制品消费，较小的是蔬菜类食物。受教育程度更高的个体消费畜禽肉、水果类和奶制品消费较高，该结论与程立超（2006）结论相似。程立超（2006）发现，受教育水平与谷类和蔬菜类食物的消费量呈负相关；与畜肉类和蛋类食物的消费量呈正相关。这意味着，同等条件下，受教育水平高的人每日谷类和蔬菜类食物的消费量要小于受教育水平低的人；前者的畜肉类和蛋类食物的每日消费量要高于后者。

③相比农村，除了谷物类消费，城市老人的各类食物消费数量均更高。这一方面是由于农村老人经济、医疗条件相对于城市老人较差；另一方面是由于农村老人的健康饮食观念相对于城市老人也较弱（何宇纳等，2005）。这也为后文分析食物消费城乡消费差距的变化埋下了伏笔。

④随着年龄的增加，意味着个体健康状况变差，由回归结果可知，"过去一周是否患病"的健康代理变量对各类食物消费都呈负面影响。有趣的是，对奶制品、蔬菜和水果的消费为正向影

响，可能的解释是，个体健康状况的下降导致个体食物选择范围受到限制，更追求"饮食清淡"；同时在保证自身营养摄入的充足的前提下，上述这类食物成为一个不错的选择。

⑤收入变量，随着收入增加个体显著减少了谷物类消费。这也侧面说明了谷物具有"劣等品"的性质，收入每增加 1%，谷物消费平均减少 6.21 克/天，这与多数研究结论相似。Guo（1999）发现，谷类及制品（小麦、大米以及粗粮）的收入效应由正转负，换言之，谷类消费由正常品转变为劣等品；同时期的畜肉类及制品和食用油的消费量显著上升。

⑥婚姻变化对不同类别的食物消费有积极的正向作用。顾大男（1990）研究发现，尤其是具有配偶的老人，配偶通常是其重要的照料资源。Joung et al.（1994）认为，与其说婚姻决定了老年人的晚年生活，不如说婚姻所带来的生活照料、相互支持和精神慰藉才是决定老年人晚年生活的关键要素。

⑦除了谷物和蔬菜，医疗保险对各类食物消费也表现出积极的作用，这与多数有关保险和消费的研究结论一致。研究显示，医疗保险不仅对消费有促进作用，还一定程度上兼具改善个体营养的作用。马双等（2012）证实，农村居民的"新农合"改善了农民蛋白质的摄入情况。

⑧各个地区变量显著，说明地区各类食物消费差异明显，这也为本章的研究后续分区域讨论老龄化的影响奠定了基础。

综上所述，就食物总体变化而言，不同食物种类的单项消费在不同年龄段表现出较为明显的阶段性特征。图 4 - 2 则直观表明各类食物随年龄的变化趋势：在剔除收入和财富效应、社会经济特征和时期效应以后，食物的消费水平受年龄的影响表现出不同特点：一类食物随着年龄增加消费增加（图 4 - 2a），而另一类食物消费变化则相反（图 4 - 2b）。其中，谷物、蔬菜和畜禽肉类的消费随着年龄增加而下降，大体上呈现出青年阶段食物消费水平较高，进入和中、老年阶段后消费水平下降的现象；而豆

类、水果、奶类、蛋类和水产品的消费并没有表现出明显随年龄
增加消费水平下降的趋势，相反该类消费在进入老年阶段后消费
量反而小幅增加，其中奶制品消费增加最为明显，消费量在老年

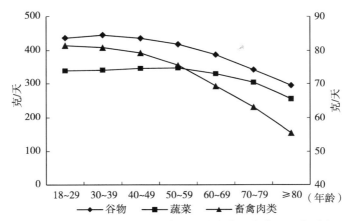

图 4-2a　按年龄分组的分类食物消费变化（主食和基本副食）
注：谷物和蔬菜消费水平对应左坐标轴；畜禽肉类消费水平对应右坐标轴。

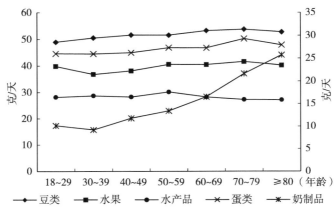

图 4-2b　按年龄分组的分类食物消费变化（营养副食）
注：豆类、水果和水产品消费水平对应左坐标轴；
蛋类和奶制品消费水平对应右坐标轴。

阶段（60 岁以后）明显增加，且增幅随着年龄增加而增大。这意味着笼统地认为老龄化导致食物消费下降的结论需要修正，以便更精准一些，有利于认识和政策精准。

至此，我们证实了老龄化（年龄）对食物消费变化的作用。由于老龄化（年龄）对不同种类食物的影响程度和方向不同，进而导致老龄化过程中各类食物变化不同；也正是由于其变化差异的存在，未来消费结构将会发生变化。以下将进一步讨论老龄化过程中消费结构的变化。

4.3.2 估计结果的进一步讨论

国外经济学家在研究各国食物结构演进时发现，各国在经济发展过程中谷物消费减少、动物性食品消费增加并将该现象称之为"食物革命"（Michael，1987）。王恩胡等（2007）对我国城乡居民食物消费结构演进分析认为，我国城乡居民的食物消费正在经历这一变化：城乡居民粮食消费持续减量，而肉、奶、蛋等动物性食品及水果等园艺业产品消费不断增加。依照前文讨论，老龄化过程中畜禽肉类等动物食品消费减少，那么，老龄化带来各类食物消费的变化是否会影响上述消费结构的变化？为回答上述问题，本章节借鉴前人的研究方法，讨论老龄化背景下的食物消费结构如何变化。

借鉴王恩胡等（2007）的研究方法，我们在上述细分食物的基础上，把畜肉、禽肉、奶制品、蛋类和水产品加总后统称为动物制品，其余不变。表 4 - 4 显示了老龄化过程中食物消费比例的变化。我们发现，在老龄化过程中动物制品的消费比例随着年龄增加而增加，而谷物消费比例随着年龄增加而下降，动物食品中奶制品消费增速最大，肉类[①]消费占比最大（附表 3）。也就是

---

① 本章研究中的肉类是广义上的概念，从营养学看肉类分为红肉和白肉。CHNS 数据中，水产品中鱼肉消费占比 60% 以上，所以研究中将水产品（鱼肉）包含在肉类中。也就是说，研究中提及肉类即指包含水产品在内的广义的肉类概念。

说，老龄化带来食物消费结构的变化与经济增长过程中食物消费结构的变化相一致，换言之，老龄化对实现食物消费结构演进变化有推动作用。作为老龄化过程中消费比例变化最为显著的两类食物（谷物和动物）食品，我们将进一步考虑其内部结构的变化，这将有助于细致地了解我国食物内部结构的变化，有助于未来食物产业政策的制定。

表4-4　老龄化过程中食物消费比例的变化

单位:%

年龄（岁）	谷物	豆类	蔬菜	水果	动物食品
18～29	44.22	4.85	33.55	3.94	13.44
30～39	43.64	4.97	33.53	3.62	14.24
40～49	42.71	5.08	34.11	3.76	14.34
50～59	41.58	5.14	34.63	4.04	14.61
60～69	40.77	5.58	34.6	4.24	14.81
70～79	38.85	6.06	34.47	4.68	15.94
≥80	37.17	6.73	33	5.13	17.97

注：数据源于作者按照回归结果计算而来。

从上述分析可知，谷物消费随着年龄增加而稳定下降，这与多数研究结论一致（白军飞等，2014；曹志宏等，2012；钟甫宁等，2012）。但我们更关注具体各类谷物消费内部结构的变化，这将有助于具体食品行业发展。本研究的谷物消费包括米及其制品（稻米），面及其制品（小麦），其他谷类（玉米、大麦、谷子及其他），薯类及其制品。所以，研究进一步将谷物分解为以米面为代表的细粮和以薯类为代表的粗粮两类，进而比较其对老龄化的影响。这样分类，是考虑当今社会人们健康意识增强，越来越重视膳食结构的多样化和均衡化，杂粮在调剂饮食结构和均衡膳食方面越来越成为日常谷物消费不可或缺的部分。

在老龄化进程中，谷物消费中粗粮消费比例增加的同时细粮消费比例下降。图 4 - 3 显示了对谷物细分后细粮和粗粮消费结构的变化。可知随着年龄的增加，以米面为代表的细粮始终是谷物消费的主要部分，但不能忽视的是：以薯类为代表的粗粮消费在日常消费中所占比例日益扩大。18～59 岁群体以米面为代表的细粮消费占谷物消费总量的 70％左右，进入老年阶段（大于 60 岁）后由于以薯类为代表粗粮消费比例增加，挤出了细粮消费，该比例逐渐减小，70～79 岁时该比例下降，80 岁及以上时该比例已经下降至 60％左右。李玉勤等（2013）调查发现，我国 50 岁以上消费者群体杂粮的消费概率是所有年龄段中最高的。上述现象启示我们，第一，薯类为代表的粗粮消费对谷物消费影响日益增加。结合消费水平考虑认为：老年阶段细粮消费持续减少而以薯类为代表的粗粮消费维持在一定水平。也就是说通常人们认为的"老龄化减少了粮食消费"仅仅减少的是以米面为代表的细粮消费，薯类为代表的粗粮消费并没有减少。第二，与其他粮食和蔬菜水果相比，粗粮富含鞣酸、苯酚和花青素等物质，同时拥有较高的抗氧化性，所以粗粮可以有效降低诸如癌症、心血管疾病、肥胖症和各种肠道紊乱等慢性疾病的发病率（Kiran et al.，2014）。所以从营养摄入来看，老龄化过程中个体膳食行为相对健康。

老龄化显著减少了畜肉消费但对水产品和禽肉的减少作用不显著。老龄化进程中肉类消费下降已经得到诸多学者的证实（白军飞等，2014；王祖力等，2011；程广燕等，2015），但由此推断出减少未来肉类供应的结论还为时过早。在营养学上肉类提供蛋白质的供给，通常被分为红肉和白肉，红肉通常指畜肉消费，白肉指禽肉和水产品消费，相对于白肉，红肉富含更多的脂肪。本章的研究中将畜肉归为红肉，禽肉和水产品归为白肉。图4 - 3显示了对肉类细分后的变化，由此可知随着年龄的增加，肉类消费中白肉所占的比例日益增加。具体来看，18～59 岁居民畜肉消费比例为 60％以上；中老年阶段后，50～59 岁居民水产品消费比例增加，逐渐挤出畜肉消费比例，畜肉消费比例下降；60～69 岁居民水产品消费比例继续增加，畜肉消费比例进一步下降，70～79岁畜肉比例首次降至60％以下，随后水产品消费比增加的同时禽肉消费比例也有所增加，80岁以上畜肉消费比例下降至56％。这意味着随着老龄化程度的加深，未来水产品和禽肉消费的变化值得关注。将上述消费结构变动与消费水平结合来看（附图1）：通常认为的"老龄化减少肉类需求"更多表现为畜肉消费的减少，而水产品和禽肉消费下降趋势不显著。上述变化更接近理想结构。

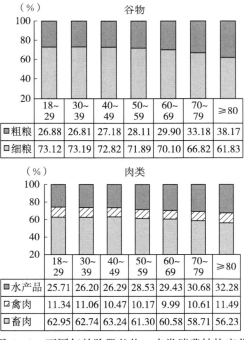

图4-3　不同年龄阶段谷物、肉类消费结构变化

4.4　本章小结

　　本章的研究从实证角度证实了老龄化（年龄）是影响食物消

费变化的决定因素，通过对年龄细分，细致讨论年龄对各类食物消费变化的影响后发现：

①笼统地认为老龄化导致食物消费下降的观念需要修正，不同类别的食物随年龄变化不同。以往提及老年人，我们脑海中自然而然地涌现出"经济收入低下、思想观念陈旧、健康状况衰退、疾病缠身、需要他人和社会照顾"等社会标签，谈及老年人食物消费，普遍观点认为老龄化将减少食物消费。本研究发现：老年人在食物消费方面，对谷物、蔬菜和畜禽肉类随年龄增加而消费下降趋势明显；而豆类、水果、蛋类和水产品没有呈现随年龄增加消费明显下降的趋势；奶制品的消费则明显表现出随年龄增加消费大幅增加的变化。

②老龄化对消费数量影响的同时带来了消费结构的变化。随着年龄增加，谷物消费比例下降而动物制品消费比例增加。该变化与经济增长过程中食物消费结构变化相一致，这意味着老龄化非但不会影响食物消费结构升级过程反而有利于上述过程的实现。进一步对消费比例变动较大的谷物和肉类分析发现，以薯类为代表的粗粮消费比例增加而细粮消费减少；以水产品和禽肉为代表的白肉消费比例增加，而以畜肉为代表的红肉消费比例减少，消费结构变化相对合理。

③除人口老龄化因素外，收入水平、个体特征和经济环境等因素也将影响食物消费。现有研究发现，我国人口老龄化在城乡、性别和地区之间差异很大，这也会对食物消费变化产生影响。

第5章 人口老龄化进程中的食物消费变化分析：城乡视角

第3章从理论上分析了老龄化对食物消费的影响机理，考虑我国老龄化程度城乡差异显著，本章将根据第3章的理论分析框架，探究老龄化对食物消费的影响的城乡差异。采用 CHNS1997—2011 年城市和农村的面板数据考虑城乡个体（尤其是老年人口）的食物消费变化，重点考察年龄对各类食物消费的影响。主要围绕以下3个方面展开：一，分析老龄化对食物消费影响的城乡差异；二，老龄化进程中城乡食物消费结构的变化及差异；三，在未来老龄化程度进一步加深背景下，城乡食物消费差距的变化。

5.1 引言

我国现正处于人口发展的转折阶段：从农村社会向城市社会转变，从年轻人社会向老年人社会转变，从习惯依附于土地的社会向有更多人口流动的社会转变（Peng，2011）。在上述背景下，以老龄化、城市化为主要特征的人口结构转变导致我国农村老龄化程度高于城市，在上述背景下，厘清城乡人口结构变动与居民食物消费之间的关系，比较两者之间互动发展的特征与规律，对了解老龄化程度、城乡差异背景下食物需求变化具有积极的现实意义。

现在有关老龄化城乡差异的研究可谓汗牛充栋，表现在3个方面展开：一，城乡老龄化差异的原因研究，涉及人口变动和社会经济因素等。李辉等（2012）认为计划生育政策的实施以及农村很多育龄夫妇生育观念的转变，使农村人口出生率及自然增长率下降。这种人口结构变化是老龄化城乡倒置的内在原因。杜鹏等（2010）认为，劳动力的城乡迁移是城乡老龄化差异的主要原因。年轻劳动力转向城市，导致农村老年人口比重相对上升，老龄化程度提高；同时导致城市年轻人口数量增加，稀释了老年人口比重，老龄化程度减缓。陈桓（2002）发现，部分农村劳动力迁入城市的同时携带妻子及子女，将进一步拉大了城乡老龄化差距。二，老龄化的城乡差异带来影响的研究，涉及医疗支出、经济供养和未来养老等方面。余央央（2011）研究了老龄化的城乡差异对医疗卫生支出的影响。叶敬忠等（2009）提出了农村劳动力转移带来农村留守老人的养老和照料问题。杨宜勇等（2007）指出，老龄化的城乡差异使得我国未来养老体系面临挑战。三，未来老龄化的城乡差异将如何变化。杜鹏等（2010）认为，老龄化的城乡倒置现象不会长期存在，未来城市老龄化程度将会高于农村。

通过对现有文献分析发现：虽然有关老龄化城乡差异的研究成果颇丰，但涉及老龄化城乡差异对食物消费影响的研究关注不够。食物消费关乎居民福利，在我国城乡二元结构背景下，城乡在经济发展水平、资源供给、消费习惯和医疗条件等方面存在较大差距。农村居民的食物消费始终落后于城市居民，2017 年农村居民的人均食物消费支出约为城镇居民的近 1/2，而缩小城乡消费差距一直是社会各界关注的热点问题。在城乡老龄化差异显著的背景下，未来城乡各类食物消费变化相同吗？如果变化不同，是什么原因导致？城乡消费差距又将如何变化？遗憾的是这些问题都未能得到很好的解决。

基于现有研究的不足，本章在老龄化程度城乡差异的背景下，将样本分为城市和农村样本后分别讨论各个年龄段城乡食物消费的变化；在此基础上进一步讨论年龄视角下城乡消费差距的未来变化。这将有助于从人口结构变动视角丰富我们对城乡居民食物消费模式变化的科学认知。

5.2 分析方法与数据说明

5.2.1 分析方法

考虑我国特有的城乡二元结构，有必要分别考察城乡年龄与各类食物消费的关系是否一致。换言之，老龄化对城市和农村居民的影响程度是否不同？假设城乡居民效用不同，因此需要分别建立函数估计，即将样本分为城市与农村分别考察食物消费的变化。当城市和农村两个子样本估计的模型有相同的系数，那么样本是同质的，可以用全样本估计统一的模型。反之，子样本是异质的，应拒绝统一的模型。两个子模型（城市和农村）不同，最一般的情况是所有系数都不同，此时需要用子样本（如是否为农村）虚变量乘以所有解释变量，该虚变量都放入模型作为新增解释变量，得到估计系数后，对所有涉及该虚变量的估计系数同时等于 0 的虚假设，做联合统计检验。模型也可以检验所有"年龄×城乡虚变量"的系数同时等于 0 的虚假设，此时隐含其他解释变量的系数不存在差异的假定，但该假定不一定成立。较严谨的简化方式是根据第 4 章一般模型估计（4-1），加入城乡变量与各变量的乘积交叉项，利用联合统计检验排除不显著的除年龄外的其他交叉变量，然后专门检验年龄对消费的影响不存在城乡间差异的虚假设。通过添加"年龄×城乡虚变量"的回归，如果排除不显著的除年龄外的其他交叉变量后，利用联合统计显示在 1‰ 水平上拒绝"年龄×虚变量"同时等于 0 的原假设，意味着老龄化对城市和农村居民的食物消费影响不同。

当上述条件成立时，可以分别对农村和城市居民的样本展开分析。具体做法是，在第四章的基础上，分城市和农村来比较在不同阶段年龄与食物消费的关系。与此同时，依照相关研究（朱勤等，2015；茅锐等，2014），同时控制个人层面的变量如年龄、收入、健康状况、性别、教育、婚姻状况、民族等，家庭层面的家庭规模等。基本计量模型如下：

$$C_{jk} = c_{jk} + \alpha'_{0k}Dummy0_{jk} + \alpha'_{1k}Dummy1_{jk}$$
$$+ \cdots + \alpha'_{ik}Dummyn_{jk} + \beta social_j + T + e_{jk}$$

$$(5-1)$$

其中，其中，C_{jk} 是个体 j 的 k 类食物消费情况，$Dummy_{jk}$ 是一组虚拟变量，如果 j 个体年龄为 0 岁即为 $Dummy0=1$；如果 j 个体年龄为 1 岁即为 $Dummy1=1$；如此往复。如果 j 个体年龄为 0 岁即为 $Dummy0=1$；如果 j 个体年龄为 1 岁即为 $Dummy1=1$；如此往复。其中，各年龄代表性消费者的消费水平 α_{ik} 是待估参数。c_{jk} 为常数项，α'_{ik} 为影响度，e_{jk} 代表非观测效应，包括其他全部观测不到的因素。分别对城市和农村样本回归上述方程，比较 α_{ik} 系数的差别即为老龄化过程对农村和城市居民食物消费的影响。根据第四章的分析结果，上述回归方程同样考虑到队列效应和时期效应对年龄变量的干扰，依旧采用 Heathcote et al.（2004）提出的方法，通过控制个体社会的经济特征和年份的固定效应得到年龄"净效应"。

进一步，通过比较年龄对城市和农村个体食物消费影响程度，来判断未来城乡食物消费的差距和变化。很多研究已经证实，在经济发展过程中，农村居民的食物消费落后于城市居民，城乡食物消费差距始终存在（贺晓丽，2001；孟繁盈等，2010；吴海江等，2014）。但很少有人研究聚焦整个生命历程的不同阶段，从年龄的视角探讨食物消费城乡差异在不同年龄段的变化规律，尤其是在剔除了出生队列效应的影响。关于这个问题，实际上是从生命历程的视角探讨资源在年龄维度上的分配在食物消费差异上的作用机制。

根据累积优势—劣势理论（Angela，1996），个体长期享有的优势会随着年龄增加而增加，导致优劣个体之间的差距进一步拉大。个体早期的特征或者长期的优势与年龄有交互效应，通过年龄机制放大。就食物消费的城乡差距来说，城市人口长期在教育，经济和卫生等社会资源上享有的优势会进一步积累，到了老年，城市人口的食物消费状况相对农村人口优势会更大。所以，该理论预测：

假说 5 - a：在控制了队列效应后，随着年龄增加，城乡个体食物消费（水平）差距变大。

与累积优势—劣势理论相反，资源均等化理论预测，到了老年阶段，城乡老人收入和社会经济地位的差距逐渐减小（Yang et al.，2009），所以相应的食物消费差距也应该减小。

假说 5 - b：在控制了队列效应后，随着年龄增加，城乡个体食物消费（水平）差距变小。

综上所述，关于城乡群体消费差异随年龄变化的趋势，不同理论给出了截然相反的预测，但现实中城乡食物消费差距变化取决于不同效应的力量对比。

5.2.2　数据说明

本章的研究数据主要来自中国居民健康与营养调查项目的数据（CHNS）。使用 1997—2011 年个体每天各类食物消费数量作为因变量，为了便于分析，按照《中国居民膳食指南》提出的膳食宝塔将食物分为 9 类。在具体考察过程中，为了减少异常值的影响，研究中舍去了大于 5 个标准差以外的样本。在研究样本中，城市地区和农村地区的样本数分别为 15 903 个和 30 008 个，比例约为 1∶1.5，据此分析不同年龄阶段城乡食物消费差异。城乡样本中各变量的描述性统计见表 5 - 1 和表 5 - 2。对主要变量描述分析如下。

①从各类食物消费情况来看，城市居民各个年龄阶段消费水平仅在谷物和蔬菜这两类食物上低于农村居民。具体表现为：城市居民的谷物消费在 297.31～398.07 克/天，蔬菜消费在 272.18～314.44 克/天；而农村居民谷物消费 326.20～472.83 克/天，蔬菜消费 244.71～341.53 克/天。奶制品在所有食物中城乡消费差距最大，由于农村居民的奶制品消费起点低且增长幅度

较小，虽然城乡奶制品消费随着年龄增加都显著增加，但城市奶制品消费水平远高于农村居民消费水平，约是农村消费水平的9倍。

②从家庭规模来看，农村的家庭规模均大于城市的家庭。由表5-1可知，60岁以上的城市老年人家庭规模约为2.76人，而农村老年人家庭规模为3.24人（见表5-2），这与张翼（2012）研究结论一致：尽管老龄化带来家庭规模小型化，但由于农村多代住的比例远高于城市，所以农村老人的家庭规模大于城市老人。上述家庭规模变化是否会影响老年人的食物消费？一些研究发现，合住并没有显著改善老年人的膳食质量，对于农村老年人尤其如此（邓婷鹤等，2016）。食物消费与膳食质量直接相关，这说明食物消费也会受到家庭规模的影响。

③健康变量。比较城乡健康变量的变化规律发现，城乡居民的患病概率随着年龄而增加，但对于年龄超过80岁以上的高龄老人，健康状况反而变好，这也符合现有文献的观点：对于超过80岁还依然存活的老年人来说，客观上其健康状况也是良好的（姜向群等，2015）。对比城乡老年人健康状况后发现：农村老年人患病的概率反而小于城市老年人，李建新等（2014）将自评健康分为生理和心理健康，发现农村老年人的生理健康好于城市老年人，认为农村老年人从事体力劳动强度大于城市老年人，这些劳动有助于改善老年人生理健康。而本章的研究中，患病概率在一定程度上是生理健康的反应，与其结论吻合。

④收入和医疗保险。本章的研究以人均收入作为收入的代理变量，采用2009年为基础的CPI消除通货膨胀后的个人收入数据。随着年龄增加城市个人收入从30～39岁[①]14 850元下降至80岁及以上13 234元（见表5-1），同年龄段农村个体人均收

---

① 这里之所以没有采用18～29岁是由于该人群中部分个体还没有进入劳动力市场。

入也随着年龄增加而下降，从 30~39 岁的人均收入11 711元下降至 80 岁及以上的人均收入 10 126 元（见表 5‑2）。城市居民在各个年龄段的收入均大于农村居民。虽然文献多数认为收入差距是造成城乡消费差距的主要因素之一（吴迪等，2010；胡日东等，2014）。但近来研究也发现，医疗保险对居民消费影响程度日趋显著，2008 年城镇职工医疗保险带动了 4.16 倍的城镇家庭消费，而基本医疗保险约带动全国 7% 的消费（赵进文等，2010）。可见社会保障的完善能显著提高家庭消费支出。研究中询问被调查者"您是否享有医疗保险？"，如果回答是，则赋值为 1，如果回答无，则赋值为 0。从表 5‑1 中得知，医疗保险的参与率随着年龄增加而增加[①]，城市居民的参保率高于农村居民，在老年阶段表现更为明显。

　　⑤婚姻状况。总体来看，城乡居民各年龄阶段婚姻情况相差不大，具体到不同年龄阶段的婚姻情况变化来看，60 岁以前，随着年龄的增加已婚的概率增加；结合本章研究中对老人"已婚"概念的界定[②]，发现：60 岁以后城乡居民随着年龄增加已婚概率降低，换言之，在老年群体中，随着年龄增加与配偶共同居住的概率下降。

---

　　① 文中横向比较了不同年龄阶段医疗保险的参与率，从纵向时间维度来看，2003 年我国"新农合"的推广，促使农村居民医疗保险的参保率从 2004 年的 19% 上升至 2009 年的 93%；2007 年推行的城镇居民医疗保险，促使城镇居民医疗保险参保率从 2006 年的 53% 增加至 2009 年的 85%。关于医疗保险对各类消费影响的文章详见涂玉华（2012）；蔡伟贤和朱峰（2015）；白重恩等（2012）；甘犁等（2010）等。

　　② 对于 60 岁以上个体婚姻情况，我们不单单考虑个体在回答问卷中"是否结婚"这一问题的答案，还同时考虑是否与配偶住在一起。具体做法是首先考察 60 岁以上个体婚姻状况，其次对于回答已婚的个体考察其妻子的 IDind 是否在同一个家庭内来检验是否与其同在一个家庭生活。

表 5-1　城市地区各年龄阶段变量描述

变量	18～29 岁	30～39 岁	40～49 岁	50～59 岁	60～69 岁	70～79 岁	≥80 岁
谷物	398.07	408.52	403.82	390.26	369.20	337.44	297.31
豆类	51.34	52.92	55.82	55.02	60.74	57.28	50.54
蔬菜	314.44	331.07	339.16	348.01	331.36	304.64	272.18
水果	51.30	51.93	52.49	66.03	69.85	67.74	61.78
畜肉	91.69	94.95	92.81	85.70	77.13	72.10	63.32
禽肉	18.19	18.67	17.18	16.59	15.07	12.39	16.42
奶制品	17.89	16.15	18.15	25.26	30.88	34.52	40.68
蛋类	28.51	31.35	29.76	32.39	33.33	36.47	34.09
水产品	33.64	37.14	35.25	40.26	37.35	35.43	33.45
家庭规模	4.07	3.91	3.46	3.24	3.00	2.71	2.63
收入	12 591	14 850	14 998	15 132	13 968	14 891	13 234
健康状况	0.08	0.09	0.12	0.18	0.26	0.32	0.31
受教育程度	3.15	2.80	2.94	2.17	1.92	1.52	1.52
婚姻状况	0.47	0.92	0.94	0.93	0.86	0.72	0.53
性别	0.49	0.48	0.50	0.49	0.51	0.52	0.57
民族	0.89	0.92	0.89	0.91	0.95	0.95	0.93
社会保障	0.53	0.61	0.66	0.73	0.76	0.77	0.74
N	1 886	2 481	3 367	3 470	2 438	1 325	936

注：数据源于作者根据 CHNS 数据整理而得，下述相同。

表 5-2　农村地区各年龄阶段变量描述

变量	18～29 岁	30～39 岁	40～49 岁	50～59 岁	60～69 岁	70～79 岁	≥80 岁
谷物	472.83	478.61	473.44	466.52	437.61	382.22	326.20
豆类	42.63	45.54	46.44	46.54	45.18	47.72	42.38
蔬菜	341.53	342.85	350.35	350.61	336.44	314.54	244.71

（续）

变量	18~29 岁	30~39 岁	40~49 岁	50~59 岁	60~69 岁	70~79 岁	≥80 岁
水果	25.48	28.63	33.39	29.79	26.65	29.29	31.00
畜肉	59.08	61.53	62.31	58.62	55.71	53.60	51.99
禽肉	11.03	11.41	10.31	9.61	8.38	8.85	9.24
奶制品	2.79	2.96	3.00	2.93	3.56	7.54	9.89
蛋类	20.78	22.72	24.73	23.65	21.72	23.07	19.90
水产品	20.40	24.38	24.90	24.47	22.63	21.55	23.24
家庭规模	4.57	4.18	3.89	3.76	3.47	3.15	3.10
收入	8 140	11 711	11 938	10 991	10 846	10 446	10 126
健康状况	0.05	0.07	0.09	0.14	0.19	0.28	0.26
受教育程度	2.12	2.99	2.95	2.27	1.93	1.75	1.65
婚姻状况	0.59	0.94	0.94	0.92	0.83	0.69	0.52
性别	0.52	0.49	0.48	0.51	0.53	0.55	0.58
民族	0.85	0.86	0.87	0.84	0.83	0.85	0.82
社会保障	0.35	0.45	0.53	0.56	0.61	0.64	0.59
N	3 806	5 728	7 430	6 609	3 927	1 502	1 006

5.3　城乡居民食物消费在不同年龄阶段的变化

5.3.1　年龄对城乡居民各类食物消费水平的影响

在考察老龄化对城市和农村食物消费影响之前，首先需要检验老龄化是否对城市和农村的影响存在显著差异。按照 5.2.1 中提及的研究方法，加入"年龄×城乡虚变量"的具体结果见附表Ⅳ首先排除年龄以外的其他不显著的交叉项，然后利用联合统计检验"年龄×城乡虚变量"同时等于 0 的原假设。统计结果显示：在 1% 水平上拒绝原假设，意味着老龄化对城市和农村居民的食物消费影响不同。以下面分别显示城市和农村分样本后的回归结果。

对城市和农村居民消费模型设定同（5-1）式一致，具体的回归结果见表 5-3 和表 5-4。表 5-3 展示了城市居民不同类别食物消费随年龄的变化情况。从总体模型检验结果来看，表 5-3 中列（1）～（9）显示城市居民这 9 类食物消费估计结果，模型的拟合优度在 0.16～0.33，模型均通过显著性为 1% 的 F 检验。从具体参数检验结果来看，不同年龄阶段变量的显著性水平在不同类别的消费模型中表现不同。年龄变量显著性在城市居民年老时（60 岁）通过显著性检验的个数更多，这一方面意味着城市居民年老后食物消费较年轻发生了更多变化，另一方面意味着年龄变量对城市居民消费（尤其是老年阶段）的影响在估计模型中得到较好的体现。以下将具体讨论年龄与城乡居民分类别的食物消费之间的关系。

一是城市居民仅有谷物、蔬菜和畜禽肉类消费随着年龄增加而下降，这与样本总体变化一致。具体表现如下。

①谷物消费方面。以 18～29 岁为基准组来看，30～39 岁的城市人群消费有所增加，增幅为 9.70 克/天；而 40 岁以上城镇居民的谷物消费则开始下降且随着年龄的增加降幅增大，表现为：50～59 岁、60～69 岁、70～79 岁的群体谷物消费分别减少 17.27 克/天、37.75 克/天、78.96 克/天，而 80 岁以上群体谷物消费减少幅度达到 122.70 克/天。也就是说，与 18～29 岁人群相比，60 岁以上的老年人口食物消费减少量在 37.75～122.70 克/天的范围间波动。

②蔬菜消费方面。与样本总体相比，城市居民蔬菜消费虽也呈现下降趋势，但变化程度较小。这里变化程度较小则体现在两个方面，其一，消费水平绝对减少出现的年龄段较晚。同样以 18～29 岁人群作为基准组，30～39 岁、40～49 岁、50～59 岁人群均在 1% 显著水平上消费增加，增幅在 8.74～27.12 克/天；即使进入老年阶段，城镇居民的蔬菜消费也没有立刻减少更多表现为增幅减小，较基准组 60～69 岁人群蔬菜消费增加 8.74 克/天；直至 70 岁以后消费水平绝对量下降，70～79 岁人群和

表 5 - 3　年龄对城市居民分类别食物消费的影响

变量	(1)谷物	(2)豆类	(3)蔬菜	(4)水果	(5)畜肉	(6)禽肉	(7)奶制品	(8)蛋类	(9)水产品
30~39岁	9.697**	1.410	14.79***	-5.467**	3.845**	-0.415	-2.637**	1.381	1.505
	(4.137)	(1.821)	(4.741)	(2.434)	(1.893)	(0.885)	(1.319)	(0.910)	(1.353)
40~49岁	-2.561	2.611	15.48***	-5.005**	-0.166	-1.404	0.811	0.349	-0.664
	(4.115)	(1.811)	(4.714)	(2.420)	(1.882)	(0.880)	(1.312)	(0.905)	(1.346)
50~59岁	-17.272***	0.889	27.121***	2.010	-6.080***	-2.511***	5.879***	3.150***	2.494*
	(4.270)	(1.879)	(4.893)	(2.512)	(1.953)	(0.913)	(1.361)	(0.939)	(1.397)
60~69岁	-37.753***	7.158***	8.735*	3.612*	-13.84***	-4.762***	10.944***	2.706***	-1.756*
	(4.579)	(2.015)	(5.247)	(1.694)	(2.095)	(0.979)	(1.460)	(1.007)	(1.098)
70~79岁	-78.963***	3.874*	-25.99***	3.301	-20.12***	-6.759***	18.031***	5.185***	-2.404
	(5.261)	(2.315)	(6.028)	(3.095)	(2.407)	(1.125)	(1.677)	(1.157)	(1.721)
≥80岁	-122.7***	-2.126	-53.504***	1.166	-33.864***	-4.174**	24.54***	4.055**	-2.684
	(8.222)	(3.618)	(9.421)	(4.837)	(3.761)	(1.759)	(2.621)	(1.808)	(2.689)
家庭规模	-3.811***	-1.931***	-3.327***	-6.257***	-3.753***	-0.318*	-3.163***	-2.153***	-0.756***
	(0.877)	(0.386)	(1.005)	(0.516)	(0.401)	(0.188)	(0.280)	(0.193)	(0.287)
民族	-38.724***	2.902	-21.64***	-0.854	6.266***	-3.945***	5.060***	3.860***	-5.825***
	(4.664)	(2.052)	(5.344)	(2.744)	(2.133)	(0.998)	(1.487)	(1.026)	(1.525)

（续）

变量	(1)谷物	(2)豆类	(3)蔬菜	(4)水果	(5)畜肉	(6)禽肉	(7)奶制品	(8)蛋类	(9)水产品
受教育程度	-15.862***	1.261***	-6.287***	6.748***	3.676***	0.838***	5.232***	1.804***	1.290***
	(0.805)	(0.354)	(0.922)	(0.473)	(0.368)	(0.172)	(0.257)	(0.177)	(0.263)
健康状况	-6.584**	-2.506**	9.707***	6.955***	-3.027**	0.107	0.938	0.0443	-1.692*
	(2.870)	(1.263)	(3.289)	(1.689)	(1.313)	(0.614)	(0.915)	(0.631)	(0.939)
婚姻状况	0.134	0.616	11.834***	4.170**	0.505	1.241*	-0.146	0.790	4.510***
	(3.143)	(1.383)	(3.601)	(1.849)	(1.438)	(0.672)	(1.002)	(0.691)	(1.028)
社保情况	-9.671***	4.025***	-13.37***	9.185***	9.905***	2.855***	2.938***	3.094***	4.660***
	(2.702)	(1.189)	(3.096)	(1.589)	(1.236)	(0.578)	(0.861)	(0.594)	(0.884)
性别	75.65***	3.398***	23.30***	-15.16***	14.513***	1.987***	-7.502***	0.197	1.265*
	(2.095)	(0.922)	(2.400)	(1.232)	(0.958)	(0.448)	(0.668)	(0.461)	(0.685)
Ln收入	-7.382***	2.064***	-4.229***	3.803***	6.227***	1.773***	3.595***	1.860***	1.767***
	(1.266)	(0.557)	(1.450)	(0.745)	(0.579)	(0.271)	(0.403)	(0.278)	(0.414)
常数项	447.022***	36.864***	87.853***	75.092***	11.303*	-2.947	20.23***	25.343***	7.853*
	(13.84)	(6.091)	(15.86)	(8.143)	(6.332)	(2.961)	(4.412)	(3.044)	(4.527)
N	15 844	15 844	15 844	15 844	15 844	15 844	15 844	15 844	15 844
Adj-R^2	0.30	0.16	0.18	0.33	0.28	0.21	0.28	0.29	0.29

注：方括号中为稳健的标准误差，*、**、*** 分别代表在 10%、5%、1% 的水平上显著。下述相同。

80 岁以上人群的消费量平均减少 25.99 克/天和 53.50 克/天。其二，城镇居民各年龄阶段蔬菜消费变化幅度小于样本总体，具体来看 70～79 岁和 80 岁以上城镇居民蔬菜降幅与总体相比减少 25％和 34％。

③畜禽肉类消费方面。与总体相比，城镇居民畜禽肉类消费减少幅度更大且在高龄阶段更为明显。由表 5-3 的（5）例（6）列可知：基准组 18～29 岁城镇居民畜肉消费量为 93.60 克/天；进入老年阶段肉类消费明显下降，与基准组相比，60～69 岁、70～79 岁和 80 岁及以上人群肉类消费分别平均减少 13.84 克/天、20.12 克/天和 33.86 克/天。禽肉消费的变化与畜肉一致，60～69 岁、70～79 岁和 80 岁及以上人群肉类消费分别平均减少 4.76 克/天、6.76 克/天和 4.17 克/天，减少程度同样大于样本总体。

二是城市居民的其他食物消费并没有表现出随年龄增加而减少的变化趋势。依次来看有如下表现。

①奶制品消费方面。城市居民奶制品消费明显增加，且是所有食物中增幅最大的。从回归结果来看，除 30～49 岁人群消费增幅不显著外，其余年龄阶段消费显著增加：与 18～29 岁基准组相比，50～59 岁人群奶制品消费平均增加 5.88 克/天；60～69 岁人群奶制品消费平均增加 10.94 克/天；70～79 岁人群奶制品消费平均增加 18.03 克/天；80 岁以上奶制品消费平均增加 24.54 克/天。换句话说，相比 18～29 岁人群，60 岁及以上的老年人奶制品消费增加量在 10.94～24.54 克/天间波动，大于 30～59 岁人群的增幅。通过对比不同年龄段的变化幅度发现，随着年龄增加奶制品消费增幅越来越大。

②蛋类消费方面。蛋类消费是继奶制品消费后位列第二增幅明显的食物，进入中年阶段（即 50 岁）后，城镇居民蛋类消费稳定增加，相比基准组，50～59 岁、60～69 岁、70～79 岁和 80 岁以上人群的蛋类消费平均增加 3.15 克/天、2.71 克/天、5.19 克/天和 4.06 克/天。

③豆制品消费方面，随年龄小幅度增加仅在高龄阶段（80岁及以上）有所下降。具体来看，18～29岁年龄为基准组消费水平 51.07 克/天，60～79 岁城市居民的豆制品消费平均增加幅度在 7.16～3.87 克/天，平均消费水平为 56.46 克/天，随后在80 岁及以上人群消费水平下降至 49.54 克/天，基本与基准组消费水平持平。

④水产品和水果消费方面，在老年阶段变化不显著。水产品消费方面，老年阶段消费下降后维持在一个水平。城市居民水产品消费在 60～69 岁明显下降，与基准组相比下降 1.76 克/天，随后在 70～79 岁和 80 岁及以上消费水平岁有所下降但统计不显著，总体在老年阶段（60 岁以后）水产品消费维持在 31.71克/天～30.46 克/天。水果消费方面，与基准组相比，30～39岁和 40～49 岁年龄组消费水平分别显著下降 5.46 克/天和 5.00克/天，进入老年阶段后，60～69 岁人群水平消费增加 3.61克/天，10% 水平显著，随后消费继续增加统计不显著。

农村居民消费也有相似的回归结果，表 5-4 的列（1）～列（9）显示 9 类食物消费模型的拟合优度在 0.15～0.29，模型均通过显著性为 1% 的 F 检验。从具体参数检验结果来看，不同年龄阶段变量的显著性水平在不同类别的消费模型中表现不同，意味着农村居民食物消费在不同年龄阶段发生明显变化。与样本总体相比，农村居民在进入老年阶段后，呈现减少趋势的食物种类更多、程度更大；与城市居民相比，农村居民不仅谷物、蔬菜和畜禽肉类同样呈下降趋势，水产品和水果消费也在老年阶段显著下降。以水果为例，随着年龄的增长，农村居民水果消费在中年50 岁以后显著减少，与基准组相比，50～59 岁的农村居民水果消费减少 3.95 克/天，60～69 岁减少 5.81 克/天，这一趋势没有变化，直至 80 岁级人群水果消费减少 3.75 克/天。其余各类食物消费的变化详见表 5-4。

表 5 - 4　年龄对农村居民分类别食物消费的影响

变量	(1) 谷物	(2) 豆类	(3) 蔬菜	(4) 水果	(5) 畜肉	(6) 禽肉	(7) 奶制品	(8) 蛋类	(9) 水产品
30~39 岁	8.533***	1.846	-3.914	-3.078**	-2.744**	-0.295	-0.644	-1.136*	-0.014 9
	(3.107)	(1.168)	(3.327)	(1.336)	(1.165)	(0.502)	(0.396)	(0.596)	(0.823)
40~49 岁	0.0343	2.322**	4.786	-1.927	-1.049	-1.221**	-0.542	-0.0802	0.171
	(3.066)	(1.152)	(3.283)	(1.318)	(1.150)	(0.495)	(0.391)	(0.588)	(0.812)
50~59 岁	-20.38***	2.915**	-1.160	-3.945***	-2.382**	-1.532***	0.246	0.0973	1.433*
	(3.217)	(1.209)	(3.445)	(1.383)	(1.207)	(0.520)	(0.410)	(0.617)	(0.852)
60~69 岁	-56.93***	1.966	-22.82***	-5.813***	-5.132***	-2.753***	1.744***	-0.124	0.626
	(3.598)	(1.352)	(3.853)	(1.547)	(1.350)	(0.581)	(0.459)	(0.690)	(0.953)
70~79 岁	-110.4***	5.495***	-45.92***	-4.083**	-9.099***	-2.939***	5.906***	1.715*	-0.542
	(4.681)	(1.759)	(5.012)	(2.012)	(1.756)	(0.756)	(0.597)	(0.898)	(1.240)
≥80 岁	-164.8***	0.267	-115.1***	-3.745	-12.21***	-2.385	8.944***	-0.560	0.228
	(9.238)	(3.471)	(9.892)	(3.971)	(3.465)	(1.492)	(1.178)	(1.772)	(2.447)
家庭规模	-3.763***	0.157	0.428	-0.900**	-1.588***	0.144	-0.404***	-1.082***	-1.763***
	(0.571)	(0.215)	(0.612)	(0.246)	(0.214)	(0.0923)	(0.0728)	(0.110)	(0.151)
民族	-8.800***	1.282	30.43***	2.668**	0.132	0.734*	1.434***	0.988*	0.569
	(2.748)	(1.032)	(2.942)	(1.181)	(1.031)	(0.444)	(0.350)	(0.527)	(0.728)

（续）

变量	(1) 谷物	(2) 豆类	(3) 蔬菜	(4) 水果	(5) 畜肉	(6) 禽肉	(7) 奶制品	(8) 蛋类	(9) 水产品
受教育程度	−19.92***	2.875***	−10.86***	3.262***	6.404***	1.205***	1.748***	1.631***	2.424***
	(0.772)	(0.290)	(0.827)	(0.332)	(0.290)	(0.125)	(0.0984)	(0.148)	(0.205)
健康状况	−12.83***	−2.548***	8.364***	4.281***	−3.501***	0.725*	1.202***	−1.075***	−2.805***
	(2.632)	(0.989)	(2.818)	(1.131)	(0.987)	(0.425)	(0.335)	(0.505)	(0.697)
婚姻状况	7.379***	0.862	15.29***	2.008*	4.454***	0.760*	0.00796	1.812***	3.888***
	(2.609)	(0.980)	(2.794)	(1.121)	(0.979)	(0.422)	(0.333)	(0.500)	(0.691)
社保情况	−12.58***	−0.328	−0.750	5.343***	13.78***	1.826***	0.359	2.685***	1.480*
	(2.459)	(0.924)	(2.633)	(1.057)	(0.922)	(0.397)	(0.314)	(0.472)	(0.651)
性别	76.56***	3.442***	29.30***	−6.420***	7.049***	0.663**	−1.442***	0.623*	1.462***
	(1.697)	(0.638)	(1.817)	(0.729)	(0.636)	(0.274)	(0.216)	(0.325)	(0.449)
Ln收入	−6.085***	1.145***	0.00802	2.825***	5.454***	0.997***	0.908***	1.567***	2.199***
	(0.817)	(0.307)	(0.875)	(0.351)	(0.306)	(0.132)	(0.104)	(0.157)	(0.216)
常数项	401.9***	13.36***	200.3***	−12.88**	−35.12***	−9.823***	4.493***	9.903***	−16.17***
	(11.66)	(4.381)	(12.49)	(5.012)	(4.374)	(1.884)	(1.486)	(2.237)	(3.089)
N	30 006	30 006	30 006	30 006	30 006	30 006	30 006	30 006	30 006
Adj-R²	0.29	0.15	0.17	0.24	0.22	0.27	0.30	0.21	0.25

　　从城乡对比来看，年龄对城乡水果和禽类消费影响差异显著：老龄化过程中城市和农村消费水平的变化相反。表 5－5 中显示了在控制个人特征、家庭、社区特征变量后，相同年龄组在城镇的和农村居民食物消费的变化。从变化方向看，城市居民水果消费随着年龄的增加系数为正，意味着城市老年人水果消费更多；相反，在农村居民的年龄变量显著系数为负，也就是说年龄越大的农村老年人水果消费反而减少了。从变化程度看，城镇 60～69 岁人群的水果消费水平高出城镇 18～29 岁人群 3.3 克/天，而农村 60～69 岁人群的水果消费水平低于农村 18～29 岁人群 5.21 克/天，城市居民消费平均高于农村居民 2 克/天；城镇 70～79 岁及以上人群高出城镇 18～29 岁人群约 3.07 克/天，而农村 70～79 岁及以上人群低于农村 18～29 岁人群为 4.11 克/天。表 5－5 中的例（1）显示，年龄越大的城乡居民，水果消费水平的绝对差距越大。

　　城乡居民禽肉的变化方向相同，差别仅体现在老年阶段的变化程度上。随着年龄的增加，城乡居民禽肉消费减少，但进入老年阶段后情况有所不同。与城市基准组（18～29 岁人群）相比，城镇 60～69 岁人群的禽类消费水平低于基准组 3.56 克/天，70～79 岁减少 3.71 克/天，80 岁及以上减少 3.06 克/天；而农村 60～69 岁居民与基准组（18～29 岁人群）相比减少 2.60 克/天，70～79 岁减少 2.98 克/天，80 岁及以上减少 4.68 克/天，综合表现为 60 岁以后农村居民消费绝对量持续下降，而城市居民消费水平则维持在一定水平内。

　　城乡水果和禽类消费之所以会形成上述差异，一方面归因于城乡居民的收入水平差异，一方面归因于食物消费习惯的不同。中国农村居民的收入水平长期以来一直低于城镇居民，决定了农村居民食物结构中以粮食、蔬菜为主，肉、蛋等动物性食品及水果的消费较少。而城镇居民恰恰相反，粮食消费较少，肉、蛋等动物性食品及水果产品消费较多，农村水果产品消费量与城镇相比要低很多（朱高林，2006）。

表 5-5　城乡不同年龄组食物消费变化对比

单位：克/天

年龄（岁）	水果		禽肉	
	城市	农村	城市	农村
30～39	−6.06	−2.09	−0.32	−0.21
40～49	−5.47	−0.47	−1.22	−1.08
50～59	2.22	−2.60	−2.21	−1.33
60～69	3.30	−5.21	−3.56	−2.60
70～79	3.07	−4.11	−3.71	−2.98
≥80	1.93	−4.36	−3.06	−4.68

注：数据源于表 5-3 表 5-4 对比，以 18～29 岁年龄组为基准。

从控制变量来看，各变量基本符合预期。具体而言，主要有以下几个方面。

①教育水平，除了与谷类和蔬菜类食物的消费量负相关外，受教育水平对农村和城市居民的消费都起着积极作用。这意味着，相同条件下，受教育水平高的人每日谷类和蔬菜类食物的消费量要小于受教育水平低的人；因为前者其他类食物的每日消费量要高于后者。上述研究结果和程立超（2009）年的研究结果一致。不仅如此，教育对农村消费的促进作用大于城市，意味着未来需要加强对农村地区有关膳食营养方面的宣传教育。

②健康对于城市居民的食物消费影响不显著，而对于农村居民的消费产生负面影响显著。通常合理的食物摄入能够保证个体良好的健康状态，同时，个体健康状况也会反过来影响基本食物摄入。这里的健康变量选取的是过去一周是否生病的情况，与城市相比，农村医疗条件较差，农村居民生病后医疗条件有限，对食物消费的负面影响较大。

③医疗保险对于城乡居民食物消费都产生正向影响，且对城

市影响程度大于农村居民。马双等（2012）发现虽然医疗保险对消费都表现为正向影响，但其作用机制可能不同。对农村居民而言，由于收入的限制，医疗保险在很大程度上发挥着与收入一致的作用；而城市居民更少受收入的限制。这也在一定程度上佐证：城乡经济条件和养老条件的差异促使老龄化过程中城乡居民食物消费变化不同，换言之，随着农村居民收入和养老条件改善能够在很大程度上改善农村老人的食物消费状况。

④婚姻状况对于城市居民食物消费影响不显著，而对于农村居民的食物消费更多呈现正向影响。原能的原因是，配偶的支持可以帮助伴侣更好地应对风险和疾病（Umberson，1992），正所谓婚姻是一种金钱买不到的保险（Allen，1994）。从这个角度看，城市老人即使丧偶，城市的基本社会保障能够替代配偶的保险作用，而农村相关保障不健全，配偶的保险作用显得尤其重要。

5.3.2　城乡居民食物消费结构随年龄的变化

在上一小节中，我们分别讨论了老龄化过程中城乡各类食物消费水平随年龄的变化，那么食物消费结构如何变化？20 世纪 90 年代我国城镇居民谷物消费开始减少、动物性食品消费增加，这一消费结构的转变类似于国外食物革命的消费结构升级；而农村居民的食物革命在 21 世纪之初才真正开始发生这种转折（王恩胡等，2007）。在上述背景下，老龄化将会多大程度上影响城乡居民食物消费结构的变化呢。

表 5-6 显示了老龄化过程中城乡食物消费结构的变化趋势：对城市居民而言，18～49 岁人群食物整体消费结构差异不大，进入中年 50 岁以后蔬菜和水果消费比例增加，其他消费比例不变的情况下，将在一定程度上挤出了谷物消费；60～69 岁人群中蔬菜、水果和消费比例持续增加，加之动物产品增加，谷物消费比例进一步下降，食物间此消彼长的变化更为明显；70～79

岁人群中蔬菜和水果消费比例不变，动物食品消费比例持续增加，谷物消费比例继续下降；在 80 岁及以上人群中，动物食品消费比例持续增加至 23.73%，谷物消费比例下降至 40% 以下。动物食品中奶制品消费比例增速最快，肉类（畜肉、禽肉和水产品）消费比例最大（各类食物消费比例的变化详见附表 V）。与城市居民食物消费结构变化不同，农村居民的谷物消费比例虽有所降低，但动物食品消费比例增加程度较小，且蔬菜和水果类消费比例基本不变。

综合来看，老龄化在一定程度上推动了我国食物消费结构的变革。当前城市居民不同年龄阶段食物消费结构的变化与王恩胡等（2017）提出我国食物结构演进方向一致；而农村居民的消费结构变化则不显著。考虑农村居民的食物革命在 21 世纪之初消费结构才发生的转折，所以本文认为老龄化对农村消费结构的变化的推动作用还未能充分体现出来。需要说明的是，我国老龄化的"城乡倒置"是一个阶段特点，未来老龄化的重点仍在城市[①]（杜鹏等 2014），考虑城市的食物消费变革只是初步的，未来食物消费结构演变会日趋高级化、现代化，而老龄化在此过程中将多大程度影响上述进程，值得进一步关注。

表 5-6　城乡居民食物消费比例变化

单位：%

年龄（岁）	城市					农村				
	谷物	豆类	蔬菜	水果	动物食品	谷物	豆类	蔬菜	水果	动物食品
18～29	39.53	5.07	31.35	5.04	19.01	46.73	4.22	33.87	2.50	12.67

---

① 杜鹏等，（2010）预测在 2020 年以后，城市和农村人口老龄化程度都会迅速上升，城市老年人口开始激增，老年人口数量超过农村，并在很长时期内都是农村老年人数的 3 倍以上。城市人口老龄化程度将在 2045 年左右超过农村，届时中国人口老龄化的重心将由农村转入城市。

（续）

年龄 （岁）	城市					农村				
	谷物	豆类	蔬菜	水果	动物 食品	谷物	豆类	蔬菜	水果	动物 食品
30～39	39.41	5.05	32.05	4.33	19.16	47.50	4.40	33.49	2.29	12.32
40～49	38.82	5.31	32.61	4.45	18.81	46.37	4.44	34.24	2.44	12.51
50～59	37.10	5.17	33.48	5.17	19.08	45.69	4.62	34.54	2.29	12.87
60～69	35.73	4.56	33.04	5.46	21.21	45.08	4.84	34.59	2.17	13.32
70～79	34.31	4.68	33.13	5.75	22.13	42.86	5.61	34.85	2.48	14.20
≥80	33.33	5.51	32.09	5.41	23.66	43.08	5.95	33.86	2.89	14.22

注：数据源于作者根据 CHNS 数据的整理。

　　老龄化过程中城乡谷物消费比例的下降还伴随着消费结构的变化：粗粮消费比例增加的同时细粮消费减少。图 5-1 显示了以米面为代表的细粮和以薯类为代表的粗粮的变化。随着年龄的增加，城市以米面为代表的细粮逐渐减少，而以薯类为代表的粗粮消费在日常消费中所占比例日益扩大。城市 18～59 岁群体米面为代表的细粮消费占谷物消费总量的 70％以上，进入老年阶段后该比例明显下降，70～79 岁人群中细粮消费比例下降至 59.62％，80 岁及以上个体该比例进一步下降至 54.83％以下。农村居民谷物消费虽也出现了以薯类为代表粗粮消费比例随年龄增加的现象，但程度小于城市居民。农村居民 18～59 岁谷物消费结构稳定，细粮消费比例约为 75％；进入老年阶段，以薯类为代表的粗粮消费比例增加，细粮消费比例持续下降，即使到 80 岁及以上农村居民细粮消费始终在 65％以上。造成上述结构变化差异的原因是农村居民原本以薯类为代表的粗粮消费高于城市居民，即日常生活中饮食粗粮较多。翟凤英等（2009）同样采用 CHNS 数据对我国 18～45 岁个体食物消费情况证实了这一观点，如果将其他谷物消费和薯类消费合并视为粗粮消费，2004

年城市居民粗粮平均消费量为 42 克/天，农村居民为 62 克/天，附图 II 城乡居民不同年龄段粗粮、细粮消费水平的变化也间接说明了这一点。

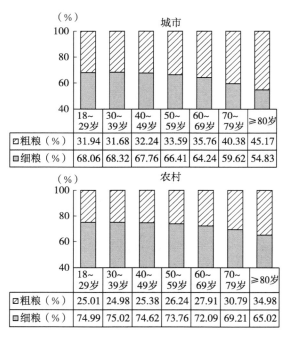

图 5-1　不同年龄阶段城市、农村居民谷物消费结构变化

不仅如此，随着年龄增加城乡居民肉类消费结构也表现出显著不同。对城市居民而言，18～49 岁年龄阶段肉类消费结构稳定，畜肉消费比例为 65%；随着年龄增加，进入 50～59 岁后城市居民水产品消费比例增加，畜肉消费比例下降；60～79 岁水产品消费比例继续增加，同时禽肉消费比例也开始增加，两者综合作用下畜肉消费比例继续下降；80 岁及以上水产品和禽肉消费比例继续增加，畜肉消费比例下降至 60% 以下。这意味着随着年龄的增加，红肉（畜肉）在未来城市肉类消费中的作用逐渐减弱，

白肉（水产品和禽肉）消费比例增加需引起重视。农村居民肉类消费结构来看，肉类消费中红肉（畜肉）消费比重始终较高，即使 60 岁以后农村居民水产品消费比例略有增加，但畜肉消费比例始终在 65％以上。可见，农村老年人肉类消费仍然以畜肉为主，消费结构变化不明显（图 5-2），消费水平的变化也间接证明了消费结构的变化（附录Ⅲ）。

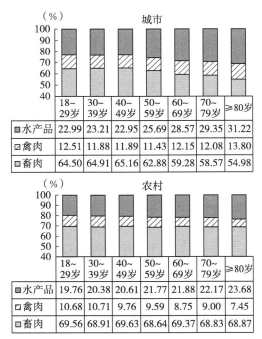

图 5-2　不同年龄阶段城市、农村居民肉类消费结构变化

综上所述，在城市老龄化过程中，食物消费结构变化可概括为谷物消费减少而动物消费增加：表现为细粮消费减少而粗粮消费增加，畜肉消费减少而禽肉和水产品消费增加；在农村人口老龄化过程中，谷物消费减少但动物食品消费增加不显著，畜肉始终是肉类的重要组成部分。

5.4　人口老龄化进程中食物消费城乡差距的变化趋势

　　城乡经济发展水平和食物消费习惯的差异，城乡食物消费差距客观存在。未来老龄化程度进一步加深，城乡食物消费差距将如何变化？以往讨论城乡食物消费差距多是从时间维度来考虑城乡消费差距变化，鲜有从年龄视角考虑不同年龄段城乡消费差距的变化。下文将基于年龄视角讨论不同食物城乡消费的变化。图5-3 显示了控制其他变量后，老龄化过程中，城乡各类食物消费变化与年龄的关系。

　　①谷物消费方面，随着年龄增加，农村居民人均谷物消费下降速度快于城市居民，消费差距有所缩小。农村居民人均谷物消费量从 18～29 岁人群的 470.58 克/天下降到 80 岁及以上人群的309.88 克/天，平均增长率[①]为－5.81％；城市居民谷物的平均消费量从 470.58 克/天下降到 309.88 克/天，平均增长速度为－4.00％。造成农村居民人均谷物消费量下降速度快于城市居民的原因可以从两方面考虑，一方面是由于相同时间内农村居民人均谷物消费量实际下降数量较大，下降速度大于城市居民；另一方面，城市居民谷物消费原有基数较小，消费下降空间较小，下降速度慢于农村居民。如果城市居民人均谷物消费量为 1，那么城乡居民谷物消费的相对差距在 18～49 岁人群是 1.19：1；80 岁及以上人群是 1.12：1。与此同时，绝对差距从 18～29 岁人群的 73.74 克/天下降至 80 岁及以上的 33.92 克/天；平均而言，农村居民人均谷物消费量始终是城市居民的 1.20 倍左右，农村居民对谷物消费的依赖程度高于城市居民。

　　②豆类消费方面，城乡消费差距仅在高龄阶段有所增加。城

---

　　①　平均增长率即为从 18～29 岁开始，经过 30～39、40～49 岁、50～59 岁、60～69 岁、70～79 岁到达 80 岁及以上，期间这 7 个年龄阶段每个年龄阶段的平均增长速度。即为平均增长率＝$\sqrt{\dfrac{80\,岁及以上消费量}{18\sim29\,岁消费量}}$

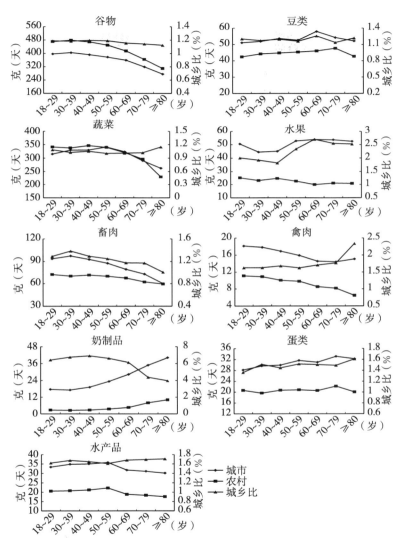

图 5-3　城市和农村不同年龄分类别食物消费变化

市居民平均豆类消费由 18～29 岁的 51.07 克/天变化为 70～79 岁及以上的 54.23 克/天，平均增长速度为 0.80%；农村居民平均豆类消费由 18～29 岁 42.47 克/天增加至 70～79 岁的 47.70 克/天，平均增长速度为 1.22%。其间相对消费差距始终维持在 1.19。在高龄 80 岁及以上阶段，由于农村老人豆类消费大幅度下降导致城乡消费比增加至 1.22。

③蔬菜消费方面，城乡消费差距是所有食物类别中最小的。城市居民平均蔬菜消费由 18～29 岁消费 314.84 克/天下降至 70～79岁的 290.66 克/天；农村居民平均蔬菜消费由 18～29 岁 341.05 克/天下降至 70～79 岁的 296.17 克/天。城市居民蔬菜消费的平均增长率约为－1.2%，农村居民的平均增长率－2%，城乡消费差距维持在 1 左右。进入高龄阶段，由于农村高龄老人蔬菜消费的下降导致相对消费差距迅速增加至 1.15。

④畜肉消费方面，城乡消费差距随着年龄增加而减小。城市居民平均畜肉消费由 18～29 岁的 93.60 克/天下降至 80 岁及以上的 60.11 克/天，平均增长率约为－6.2%，；农村居民平均畜肉消费由 18～29 岁 72.48 克/天下降至 80 岁及以上的 59.60 克/天，平均增长率－2.8%。由于城市居民消费畜肉平均增长率大于农村居民，畜肉消费的相对差距从 18～29 岁的 1.3 下降至 80 岁及以上的 1，绝对消费差距也相应缩小。

⑤禽肉消费方面，城乡消费差距在进入老龄阶段（60 岁以后）后开始增加，在高龄阶段达到消费差距最大。城市居民平均禽肉消费由 18～29 岁的 18.15 克/天下降至 80 岁及以上的 15.09 克/天；农村居民平均禽肉消费由 18～29 岁 11.13 克/天下降至 80 岁及以上的 6.45 克/天。随着年龄增加，城市居民禽肉消费的平均增长率约为－2.6%，农村居民的平均增长率－6.3%，由于农村的平均增长率大于城市，所以禽肉消费的相对差距从 18～29 岁的 1.6 增加至 80 岁及以上的 2.3，且在高龄阶段 80 岁及以上消费差距的达到最大。这主要是由于农村居民

禽肉消费在高龄阶段迅速下降所致。这在一定程度上说明农村高龄老人需要关注。

⑥蛋类消费方面，城乡消费差距仅在老年阶段略微增加。城市居民平均蛋类消费由 18～29 岁的 28.17 克/天增加至 80 岁及以上的 32.26 克/天，平均增长率约为 2%；农村居民平均禽肉消费由 18～29 岁 20.65 克/天增加至 80 岁及以上的 21.04 克/天，平均增长率仅为 0.7%。蛋类消费相对差距逐渐增加，从 18～29 岁的 1.36 增加至 70～79 岁的 1.51，由于农村老人蛋类消费在高龄阶段迅速下降，进而导致消费差距进一步增加至 1.6。同时结合农村老人禽肉消费，如果不是由于个体身体机能下降而减少禽肉和蛋类消费的话，那么这一现象则提醒我们农村高龄老人的福利问题值得关注。

⑦水果消费方面，城乡消费差距随着年龄增加而增大。城市居民平均水果消费由 18～29 岁的 50.51 克/天增加至 80 岁及以上的 52.44 克/天，平均增长率约为 0.6%；相反，农村居民平均水果消费由 18～29 岁的 25.16 克/天下降至 80 岁及以上的 20.80 克/天，平均增长率约为 −2.6%。由于在 40～49 岁阶段，农村水果消费开始加速下降而同时期的城市居民水果消费则呈现增加的趋势，所以水果消费相对差距在 18～49 岁维持在 1.8～2.0 之间，在 50～69 岁期间该比例迅速增加至 2.7∶1，随后该比例将维持在这一水平，同时消费绝对差距从 18～29 岁的 25.3 克/天增加至 80 岁及以上的 31.6 克/天。

⑧奶制品消费方面，城乡消费差距在老年阶段有所缩小。城市居民平均奶制品消费由 18～29 岁的 17.56 克/天增加至 80 岁及以上的 40.21 克/天，平均增长率约为 12.5%；与此同时，农村居民平均奶制品消费由 18～29 岁的 2.73 克/天下降至 80 岁及以上的 10.13 克/天，平均增长率约为 20.7%。农村居民奶制品消费增长率高于城市居民，相对消费差距从 18～29 岁的 6.43 下降至 80 岁及以上的 3.96，这意味着在老龄化过程中农村老人更

多地增加奶制品消费这将减少城乡消费差距，但不能忽视的是农村居民奶类消费基数较小，与城市居民相比绝对差距依然很大，未来奶制品需求将进一步增加。

⑨水产品消费方面，城乡消费差距在老年阶段略微增加。城市居民平均水产品消费由 18～29 岁的 33.36 克/天下降至 80 岁及以上的 30.13 克/天，平均增长率约为－1.5%；相反，农村居民平均水产品消费由 18～29 岁的 20.59 克/天下降至 80 岁及以上的 17.63 克/天，平均增长率约为－2.3%。可知农村水产品增长率大于城市，这将会导致消费差距增加，表现为消费相对差距从 18～29 岁的 1.62：1 增加至 80 岁及以上的 1.71：1。

综上所述，我们将上述食物归类为主食、基本生活副食和营养副食，讨论其消费随年龄的变化趋势。研究中将谷物归为主食，基本生活副食包括豆类、蔬菜、畜肉和蛋类；营养性副食包括水果、奶制品、禽肉和水产品。对比城乡居民消费变化发现：随着未来老龄化程度的进一步加深，农村居民的谷物消费始终是城市居民的 1.2 倍左右；在营养性副食消费上，城市居民的平均消费水平是农村居民的 2～4 倍，除奶制品外，城乡消费差距在老年阶段有所扩大；在基本生活副食消费上，城乡消费差距并没有扩大，但未来需要更多关注农村高龄老人基本副食消费变化。

5.5　本章小结

我国老龄化出现城乡倒置的特点，近年来农村的老龄化程度超过城镇。在第 3 章理论分析基础上，采用 CHNS 数据中城市和农村样本讨论老龄化对城乡各类食物消费的影响，发现了以下变化。

（1）食物消费水平变化

无论城市还是农村，笼统地认为老龄化减少城乡食物消费水平的观念需要修正。城市居民仅有谷物、蔬菜和畜禽肉类消费随着年龄增加而显著下降。其余食物并没有呈现下降趋势，尤其是城市居民奶制品消费大幅度增加；与城市相比，农村居民不仅体现在谷物、蔬菜和畜禽肉类消费的下降上，还体现在水产品和水果消费，且平均下降幅度大于城市居民。

（2）食物消费结构变化

随着年龄增加，城市居民谷物消费比例减少而动物食品消费比例增加；而农村消费结构变化不明显。表现在，无论城市还是农村，粗粮消费比例随年龄增加；但城市居民粗粮消费比例增加更快；肉类消费方面，城市居民白肉（水产品和禽肉）消费比例增加，红肉（畜肉）消费比例减少，从营养学上讨论述结构变化较为合理；而农村居民肉类消费中红肉（畜肉）消费比重始终较高。

（3）城乡消费差距变化

伴随着老龄化程度的进一步加深，农村居民的谷物消费（量）始终高于城市居民；在营养性副食消费上，城乡消费差距在老年阶段有所扩大；在基本生活副食消费上城乡消费差距并没有扩大。此外，农村高龄老人基本生活副食消费需引起重视。

第6章 人口老龄化进程中的食物消费变化分析：性别视角

在人口老龄化的高龄阶段，女性比例增加，食物消费需求的变化将会受到更多女性消费特点的影响。为此，本章依照第3章的理论分析框架，分别利用 CHNS 1997—2011 年的男性和女性的面板数据考虑不同性别个体（尤其是在高龄阶段）的食物消费变化，重点考察年龄在男性和女性食物消费变化中的作用。主要将围绕以下 3 个方面展开：一，老龄化对食物消费水平影响的性别差异；二，老龄化对食物消费结构影响的差别差异；三，在未来老龄化程度进一步加深背景下，男性和女性食物消费差距如何变化。

6.1 引言

人口老龄化对食物消费的影响需要考虑性别差异带来的影响。中华人民共和国成立后生育高峰时出生的人群陆续进入老年阶段，加之个体预期寿命的不断延长我国老龄（高龄）人口数量增长迅速，（杜鹏等，2013），通常女性寿命长于男性，所以高龄人口女性化的特点越发显著。全国第六次人口普查显示，80～84岁人口中 55.7% 是女性，90～94 岁人口中 66.3% 以上是女性，而到 100 岁及以上人口中有近 75.4% 是女性。可见，老龄化进程中食物需求将更多受到老年女性消费的影响，因此有必要分性别考察老龄化与食物消费的关系。

众所周知，性别差异存在于许多领域，自然也存在于食物消费领域。唐振柱等（2009）基于性别差异考察高血压患者的饮食差异发现：男性高血压患者的畜禽肉类、畜肉、酒、腌菜、水产品、植物油摄入量均明显高于非患者，米及其制品和蔬菜摄入量明显低于非患者；女性高血压患者的动物油、油脂类、内脏摄入量均低于非患者；男性的调味品盐、食盐、内脏类、动物油、油脂、酒、米及其制品、蔬菜摄入量明显高于女性。朱旭红（2012）发现浙江女性老年人的月消费总支出低于男性，食物这类最基本的生活消费支出比例高于男性。

　　通过对现有研究总结发现：一方面，学者从性别视角对食物消费相关问题展开研究且取得了丰富的研究成果，但在老龄化背景下考虑男性和女性（尤其是高龄女性）食物消费如何变化，以及食物消费的性别差距会拉大还是缩小的研究尚显不足。对该问题的关注将有助于了解老龄化后期（高龄阶段）食物需求的变化和老人福利（尤其是高龄老人）的性别差异。另一方面，从食物消费视角对女性老人这个弱势群体研究的关注度不够。对处于弱势群体的女性老人而言，食物消费关系到女性老人最基本权利能不能得到满足的问题。对此问题的研究无论从理论角度还是实际角度而言，对推动老年友好社会建设都具有重要作用。鉴于此，本章将样本按照性别分类，分别讨论各个年龄段食物消费差异，尤其关注高龄女性食物消费的变化情况。

6.2　分析方法与数据说明

6.2.1　分析方法

　　为了回答上述问题，我们将样本分为男性与女性分别进行验证。假设男性和女性居民的效用不同，因此需要分别建立函数估计，即将样本分为男性和女性分别考察食物消费的变化。通常当男性和女性两个子样本估计的模型有相同的系数，那么样本是同质的，可以用全样本估计统一的模型。反之，子样本是异质的，应拒绝统一的模型。研究中根据第4章一般模型估计结果，加入性别变量与各变量的乘积交叉项，利用联合统计检验排除不显著的除年龄外的其他交叉变量，然后专门检验年龄对消费的影响不存在性别差异的虚假设。通过添加"年龄 * 性别虚变量"的回归，如果排除不显著的除年龄外的其他交叉变量后，利用联合统计显示在 1% 水平上拒绝"年龄×性别虚变量"同时等于 0 的原假设，意味着老龄化对男性和女性居民的食物消费影响不同。

如果上述条件成立，本章的研究将在第四章的基础上对男性和女性分别考虑，旨在比较在相同年龄阶段不同性别个体的食物消费差异。与此同时，借鉴相关研究（朱勤等，2015；茅锐等，2014），同时控制个人层面的变量如年龄、收入、健康状况、性别、教育、婚姻状况、民族等，家庭层面的家庭规模等。基本计量模型如下：

$$C_{jk} = c_{jk} + \alpha'_{0k}Dummy0_{jk} + \alpha'_{ik}Dummy1_{jk} + \cdots$$
$$+ \alpha'_{ik}Dummyn_{jk} + \beta social_j + T + e_{jk} \qquad (6-1)$$

其中，其中，C_{jk} 是个体 j 的 k 类食物消费情况，$Dummy$ 是一组虚拟变量，如果 j 个体年龄为 0 岁即为 $Dummy0=1$；如果 j 个体年龄为 1 岁即为 $Dummy1=1$；如此往复。其中，各年龄代表性消费者的消费水平 α_{ik} 是待估参数。分别对男性和女性样本回归上述方程，比较 α_{ik} 系数的差别即为在人口老龄化过程中不同性别居民食物消费的变化。为获得不同性别个体"干净"的年龄效应，上述回归方程同样考虑到队列效应和时期效应对年龄变量的干扰，依旧采用 Heathcote et al.（2004）提出的方法，通过控制个体社会经济特征和年份的固定效应得到年龄的"净效应"。

在上述分析的基础上，将进一步讨论在老龄化背景下，不同性别食物消费差异的变化趋势。很多研究已经证实，个体食物消费存在性别差异（Donkin et al.，1998；Prattala et al.，2006；Fagerli et al.，1999），但少有研究剔除队列效应影响后进一步探讨食物消费的性别差异在不同年龄阶段的变化规律。关注这个问题，实际上是从生命历程的视角探讨资源在年龄维度上的分配，也间接为性别歧视的相关研究提供新视角。考虑男性、女性自身生理差异、健康差异以及寿命差异，本章的研究将从以下几个方面提出假说。

理论上，一方面，由于同等条件下男性身体代谢速度快于女性，男性所需能量大于女性是造成男女性别消费差异的根源。随着年龄的增加，身体机能的老化，男女性别的身体机能差异将逐渐减少，从这个角度来看，男性和女性之间食物消费的差异将减小。

假说 6 - a：在控制了队列效应后，随着年龄增加，男性和女性的食物消费（水平）差距变小。

另一方面，随着年龄的增加，男性和女性之间的健康差异更加明显，尤其对老年人而言，健康状况的好坏会在一定程度上影响食物消费。老年男性的平均健康水平要好于老年女性导致了差异的存在（曾毅等，2004；杜鹏，2013）；一个客观事实是：女性寿命长于男性，如果在高龄阶段的男性样本是经过"选择的[①]"，即留下的男性样本健康状况良好。由此认为，男性和女性健康差异有所扩大，进而食物消费差异也随之变大。

假说 6 - b：在控制了队列效应后，随着年龄增加，男性和女性的食物消费（水平）差距变大。

然而，上述情形中的高龄男性样本也可能并没有经过选择，即存在人口学中的"病态扩展问题[②]"，虽然寿命延长但相应的医疗条件并没有跟上而导致带病时间延长。这种情况下，男性和

---

①　在研究老年群体变化特征的时候，选择性生存因素是一个不可回避的问题。选择性生存是指随着年龄的增加，体质较弱、健康状况较差的个体将被优先淘汰，而存活下来的是更健康、体质更强的个体集合。在针对老年人的调查中，被包含在样本中的老年人已经通过了一次潜在的生存选择或者说是样本录入的选择性过程。越高龄的老人也就是越早出生的队列中的老人所受到的选择性生存力量越强大。

②　人口学研究中另一受人关注的问题为病态状态是否扩展（expansion of morbidity）（Fries，2002；Gruenberg，1977）。支持病态状态扩展理论主要意见认为，当人口死亡率进一步下降时，在慢性病和机能丧失的控制上如果不能达到同样的效率，就会造成人群平均带病生存时间延长。

女性健康差别变化趋势不明确，进而对食物消费差距的影响也不确定。

假说 6 - c：在控制了队列效应后，随着年龄增加，男性和女性的食物消费（水平）差距变化不确定。

综上所述，关于男性和女性消费差异随年龄变化的趋势，从生理差异来看性别消费差距将随着年龄增加而减小；从健康状况差异来看，性别消费差距随着年龄增加而增加；如果认为"病态扩展问题"存在则性别消费差距的变化方向不确定。由此可见，现实中性别消费差距变化取决于不同效应的力量对比。

6.2.2 数据说明

本章的研究数据主要来自中国居民健康与营养调查项目的数据（CHNS）。主要使用 1997—2011 年个体每天各类食物消费数量作为因变量，为了便于分析，按照《中国居民膳食指南》提出的膳食宝塔将食物分为 9 个大类。在具体考察过程中，为了减少异常值的影响，研究中舍去了大于 5 个标准差以外的样本，最终获得男性和女性的样本数分别为 23 056 个和 22 855 个，比例约为 1：1，据此分析不同年龄下的男性和女性消费差异程度。不同性别样本中各变量的描述性统计见表 6 - 1 和表 6 - 2。

表 6 - 1 男性各年龄阶段变量描述

变量	18～29 岁	30～39 岁	40～49 岁	50～59 岁	60～69 岁	70～79 岁	≥80 岁
谷物	497.00	493.34	482.66	469.64	438.53	386.58	322.24
豆类	48.35	50.60	52.44	51.36	52.63	54.52	48.59
蔬菜	353.20	349.00	353.30	359.00	344.40	326.50	267.60
水果	29.93	32.27	35.93	37.21	41.98	44.30	54.01
畜肉	76.07	80.43	80.48	74.58	69.31	66.11	62.63
禽肉	13.92	14.69	13.74	13.00	11.70	11.66	14.13
奶制品	6.10	6.67	6.73	8.98	13.28	18.79	28.02

（续）

变量	18~29 岁	30~39 岁	40~49 岁	50~59 岁	60~69 岁	70~79 岁	≥80 岁
蛋类	23.34	26.41	27.65	27.62	27.23	30.01	30.86
水产品	24.57	29.74	30.78	31.26	28.74	29.18	31.31
家庭规模	4.35	4.10	3.75	3.62	3.34	2.98	2.80
收入	10 393	13 526	14 515	13 105	11 929	13 353	16 649
城乡	0.32	0.32	0.33	0.34	0.38	0.45	0.54
健康状况	0.05	0.07	0.09	0.14	0.20	0.26	0.34
受教育程度	2.44	2.40	0.95	1.87	1.63	1.47	1.51
婚姻状况	0.48	0.91	2.02	0.94	0.90	0.84	0.73
民族	0.85	0.88	0.88	0.87	0.88	0.89	0.87
社会保障	0.41	0.51	0.58	0.62	0.68	0.62	0.62
N	2 891	4 260	5 260	4 912	3 334	1 522	877

注：数据源于 CHNS，作者整理。

表 6-2　女性各年龄阶段变量描述

变量	18~29 岁	30~39 岁	40~49 岁	50~59 岁	60~69 岁	70~79 岁	≥80 岁
谷物	397.50	421.80	421.40	410.60	381.70	331.70	294.60
豆类	42.59	45.31	46.57	47.54	49.49	49.50	44.43
蔬菜	311.10	329.70	340.50	340.40	323.50	290.50	248.80
水果	38.27	39.51	42.82	47.38	48.53	50.82	39.26
畜肉	63.49	64.29	63.98	61.24	57.97	57.79	52.10
禽肉	12.87	12.79	11.31	11.02	10.11	10.34	11.81
奶制品	9.54	7.57	8.86	12.26	14.84	21.81	24.75
蛋类	23.35	24.55	25.08	25.68	24.99	28.58	23.23
水产品	25.01	27.17	25.74	28.54	27.74	26.74	25.40
家庭规模	4.47	4.09	3.76	3.54	3.26	2.91	2.90

（续）

变量	18～29 岁	30～39 岁	40～49 岁	50～59 岁	60～69 岁	70～79 岁	≥80 岁
收入	8 812	10 606	10 672	10 305	9 081	9 266	10 402
城乡	0.34	0.32	0.31	0.35	0.39	0.49	0.54
健康状况	0.06	0.08	0.11	0.17	0.24	0.33	0.30
受教育程度	2.48	2.11	0.95	1.29	0.95	0.70	0.60
婚姻状况	0.62	0.95	0.95	0.90	0.77	0.65	0.56
民族	0.88	0.88	0.88	0.86	0.87	0.89	0.89
社会保障	0.41	0.49	0.56	0.61	0.65	0.69	0.58
N	2 801	4 693	5 418	4 517	3 031	1 305	1 090

注：数据源于 CHNS，作者整理。

①食物消费方面，随着年龄增加，男性仅有谷物、蔬菜和畜肉消费水平表现出明显随着年龄增加而下降的趋势；其余种类食物在老年阶段表现小幅增加（比如水果）或者消费水平维持不变（比如豆制品）。发现，除了奶制品和水果消费，男性在各个年龄阶段的消费水平普遍高于女性。相比男性而言，女性 80 岁及以上的高龄老人的个别食物消费水平出现明显下降，比如水果消费，进入老年阶段，60～69 岁女性水果消费 48.53 克/天，较50～59 岁消费水平略微增加，70～79 岁女性消费水平 50.82 克/天，而 80 岁及以上女性水果消费下降为 39.26 克/天。同年龄段内男性对水果的消费则随着年龄增加而稳定增加。需要说明的是：这里的分析没有考虑其他可能影响因素的作用，倘若在考虑其他可能影响因素后高龄女性食物消费仍然下降，那么，高龄女性的食物消费值得关注。

②健康变量方面，男性和女性居民健康随着年龄增加而下降。该结论与杜鹏（2013）结论一致，对我国老人健康状况调查发现：生活不能自理者的比例在 80 岁以后明显增加。健康老年人比例在 66 岁时下降到 50%，不健康老年人比例在 84 岁时超

过 40％，90 岁时超过 50％；生活不能自理老年人比例在 91 岁时超过 21％，95 岁时达到 25％。进一步对比男性和女性健康状况发现，男性居民的健康状况好于女性居民，在老年阶段更是如此。杜鹏（2013）发现男性老年人健康状况好于女性，不健康样本中女性占 57％。从全国样本来看，健康和基本健康的老年人占男性的 85.12％，女性比例则为 81.28％。在不健康的老年人中，女性占 56.94％。

③婚姻状况方面，随着年龄的增加男性和女性表现出显著不同的变化。随着年龄的增加，男性居民的已婚比例一直维持在 80％以上，而女性居民已婚的比例则迅速下降，60～69 岁女性已婚的比例为 77％，80 岁级以上下降为 56％。这主要是由于女性寿命长于男性，换言之男性老人配偶健在的可能性要大于女性老人。从家庭分工视角来说，女性会花费更多时间和精力承担家务和照料配偶生活起居，Joung et al.（1994）认为，与其说婚姻决定了老年人的晚年生活，不如说婚姻所带来的生活照料、相互支持和精神慰藉才是决定老年人晚年生活的关键要素。所以，婚姻状况会影响食物消费。

④收入和医疗保险方面，60 岁以前男性收入高于女性收入且在 60 岁以后并没有明显改善。丁志宏（2013）研究发现，女性老人的经济生活来源相对集中于家庭其他成员的供养，男性老人的经济生活来源相对分散。随着年龄的增长，老年人经济生活来源中劳动收入、离退休金养老金和财产性收入的比例越来越低，家庭其他成员供养、最低生活保障金和其他方面的比例越来越高。医疗保险方面，男性参保率高于女性。

6.3　男性、女性食物消费在不同年龄阶段的变化

6.3.1　年龄对男性、女性各类食物消费水平的影响

我国经历着世界上最快的人口老龄化过程，而"女性化"是

表6-3 男性分年龄各类食物消费变化

变量	(1) 谷物	(2) 豆类	(3) 蔬菜	(4) 水果	(5) 畜肉	(6) 禽肉	(7) 奶制品	(8) 蛋类	(9) 水产品
30~39岁	3.892	1.178	-4.632	-5.149***	-0.0937	-0.556	-0.797	-0.440	0.211
	(3.759)	(1.468)	(4.028)	(1.697)	(1.524)	(0.667)	(0.731)	(0.746)	(1.054)
40~49岁	-7.095*	2.289	-1.099	-4.756***	-1.801	-1.585**	-0.749	-0.425	-0.0792
	(3.726)	(1.455)	(3.993)	(1.682)	(1.510)	(0.661)	(0.725)	(0.739)	(1.044)
50~59岁	-26.55***	0.800	2.007	-2.725	-6.817***	-2.366***	2.245***	0.372	1.947*
	(3.850)	(1.504)	(4.125)	(1.738)	(1.561)	(0.683)	(0.749)	(0.764)	(1.079)
60~69岁	-58.75***	1.795	-13.71***	1.670*	-12.18***	-4.107***	6.278***	0.162	1.656
	(4.194)	(1.638)	(4.494)	(1.094)	(1.700)	(0.744)	(0.816)	(0.832)	(1.176)
70~79岁	-105.7***	3.562*	-33.60***	2.469**	-19.21***	-5.508***	11.28***	1.948*	1.926
	(5.085)	(1.986)	(5.448)	(2.196)	(2.061)	(0.902)	(0.989)	(1.008)	(1.425)
≥80岁	-160.0***	-3.732	-88.27***	2.166**	-29.33***	-3.512***	19.23***	2.142	-1.599
	(8.667)	(3.385)	(9.287)	(2.113)	(3.513)	(1.537)	(1.686)	(1.719)	(2.429)
家庭规模	4.542***	-0.755***	-0.709	-2.126***	-2.190***	0.192	-1.049***	-1.628***	-1.627***
	(0.701)	(0.274)	(0.751)	(0.317)	(0.284)	(0.124)	(0.136)	(0.139)	(0.197)
民族	-10.98***	0.312	25.94***	2.628*	-0.0766	-0.733	2.174***	1.509**	0.414
	(3.422)	(1.337)	(3.667)	(1.545)	(1.387)	(0.607)	(0.666)	(0.679)	(0.959)

（续）

变量	(1) 谷物	(2) 豆类	(3) 蔬菜	(4) 水果	(5) 畜肉	(6) 禽肉	(7) 奶制品	(8) 蛋类	(9) 水产品
受教育程度	−15.53***	1.819***	−7.946***	4.232***	4.583***	0.926***	3.368***	1.361***	2.117***
	(0.816)	(0.319)	(0.874)	(0.368)	(0.331)	(0.145)	(0.159)	(0.162)	(0.229)
健康状况	−10.69***	−3.763***	8.874***	3.969***	−4.244***	−0.0481	1.520***	−1.242**	−2.527***
	(3.000)	(1.172)	(3.215)	(1.355)	(1.216)	(0.532)	(0.584)	(0.595)	(0.841)
婚姻状况	−5.636*	0.117	7.320**	2.297	2.028	1.018*	−0.883	1.839***	5.460***
	(3.163)	(1.235)	(3.389)	(1.428)	(1.282)	(0.561)	(0.615)	(0.627)	(0.887)
社保情况	−13.25***	1.801*	−7.541***	7.213***	16.04***	2.245***	0.411	3.990***	2.113***
	(2.609)	(1.019)	(2.795)	(1.178)	(1.057)	(0.463)	(0.507)	(0.517)	(0.731)
城乡	−41.01***	6.110***	−1.324	15.86***	21.85***	5.559***	10.83***	4.509***	8.394***
	(2.150)	(0.840)	(2.303)	(0.971)	(0.871)	(0.381)	(0.418)	(0.426)	(0.603)
Ln 收入	−8.725***	1.824***	−2.014*	3.658***	4.947***	1.469***	1.543***	1.857***	2.119***
	(1.021)	(0.399)	(1.093)	(0.461)	(0.414)	(0.181)	(0.199)	(0.202)	(0.286)
常数项	534.0***	27.87***	314.5***	5.703	−22.02***	−8.957***	15.55***	15.40***	−11.96***
	(12.36)	(4.828)	(13.24)	(5.580)	(5.010)	(2.192)	(2.405)	(2.451)	(3.464)
N	23 022	23 022	23 022	23 022	23 022	23 022	23 022	23 022	23 022
Adj-R^2	0.35	0.18	0.26	0.28	0.34	0.22	0.30	0.23	0.28

注：括号中为稳健的标准误差，*、**、*** 分别代表在 10%、5%、1% 的水平上显著。下述相同。

　　该过程中的一个显著特征（杜鹏，2003）。所以，本章的研究将分性别考察年龄和食物消费变化之间的关系，对此将样本划分为男性和女性分别进行验证，并在此基础上讨论性别视角下食物消费随年龄变化的差异以及未来变化的趋势。在考察老龄化对男性和女性食物消费影响之前，首先需要检验老龄化是否对男性和女性的影响存在显著差异。按照 6.2.1 中提及的研究方法，加入"年龄×性别虚变量"的具体结果见附录，首先排除年龄以外的其他不显著的交叉项，然后利用联合统计检验"年龄×性别虚变量"同时等于 0 的原假设。统计结果显示在 1‰ 水平上拒绝原假设，意味着老龄化对男性和女性居民的食物消费影响不同。下面将分别显示男性和女性分样本后的回归结果。

　　表 6-3 展示了不同年龄阶段的男性各类食物消费的变化。总体模型检验结果，列（1）～列（9）显示这 9 类食物消费模型的拟合优度在 0.18～0.35，模型均通过显著性为 1‰ 的 F 检验。从具体参数检验结果来看，不同年龄阶段变量的显著性水平在不同类别的消费模型中表现不同。年龄变量在男性居民年老时（60 岁）多数都通过显著性检验，这不仅意味着男性居民年老后食物消费较年轻时确实发生了变化，还意味着在估计模型中年龄变量在男性居民食物消费的老年阶段得到较好的体现。

　　首先，男性居民消费在谷物、蔬菜和畜禽肉类上的消费随着年龄增加而下降，这与样本总体变化一致。通常认为，年龄变量估计参数的符号反映了该年龄的男性居民在对应种类的食物消费中相对于基准组消费水平的高、低。下面将基于回归系数展开分析：

　　①谷物消费方面，研究将 18～29 岁男性作为基准组，30～39 岁男性谷物消费小幅增加但统计不显著，从 40 岁开始，男性居民的谷物消费开始下降，相比 18～29 岁人群，40～49 岁人群的谷物消费平均下降 7.10 克/天、26.55 克/天、58.75 克/天、105.70 克/天和 160.00 克/天，上述变化均在 1‰～5‰

水平上显著。由上述变化可知，随着男性居民年龄增加，谷物消费水平下降程度越大，相比 18～29 岁的男性群体，60 岁以上的男性老年人谷物消费水平的平均降幅在 58.75～160.00 克/天之间波动。

②畜禽肉类消费方面，与基准组相比，30～49 岁男性群体的畜禽肉类消费与基准组相差不大，畜肉和禽肉的消费水平分别在 76.27～74.83 克/天和 13.57～12.90 克/天间波动。然而，随着年龄的进一步增加，男性居民的畜肉和禽肉消费同时下降，60～69 岁男性群体的畜肉和禽肉消费分别平均下降 12.18 克/天和 4.11 克/天，70～79 岁分别平均下降 19.21 克/天和 5.51 克/天，80 岁以上分别平均下降 29.33 克/天和 3.51 克/天，禽肉消费在 80 岁及以上有所增加。

③蔬菜消费方面年轻男性群体到中年阶段蔬菜消费虽然稳定下降，但统计上不显著，老年阶段后下降幅度增加，且在 1‰水平上统计显著。具体表现为：相比基准组，60～69 岁、70～79 岁和 80 岁及以上人群的男性居民蔬菜消费分别平均下降 13.71 克/天、33.60 克/天和 88.27 克/天。

综上所述，男性居民上述 3 类食物消费随着年龄增加下降趋势显著，且下降程度均大于样本总体。举例来说，60～69 岁男性谷物消费下降 58.75 克/天，而相同年龄阶段样本总体的谷物消费下降 13.71 克/天；蔬菜和肉类消费也有上述特点。可能的解释是：男性谷物、蔬菜和肉类消费水平高于样本平均水平，由于基数较大所以有相对较大的下降空间，样本总体谷物和肉类消费水平 403.75 克/天和 86.34 克/天，男性居民两者消费水平 410.62 克/天和 90.72 克/天。

除了以上 3 类食物，男性居民的其他食物消费均未出现随年龄增加而减少的变化趋势，这也与样本总体变化一致。分类别看：

第一，奶制品消费方面，男性居民的奶制品消费随年龄增加稳定增加。以 18～29 岁人群为基准组，30～49 岁男性群体的奶制品消费水平与基准组持平；进入中年阶段后，男性群体的奶制品消费开始稳定上升，50～59 岁、60～69 岁、70～79 岁和 80 岁及以上人群均在 1% 水平上显著，增加消费量在 2.25 克/天至 19.23 克/天之间。换言之，年龄越大，男性老年人的奶制品消费水平越高；相比 18～29 岁男性群体，50～59 岁男性群体奶制品消费水平为 8.64 克/天，60～69 岁、70～79 岁、80 岁及以上奶制品消费水平分别是 12.23 克/天、17.25 克/天和 21.71 克/天。

第二，蛋类消费方面，男性居民蛋类消费基本维持不变，仅在老年阶段略有增加。意味着男性居民的整个生命历程中，蛋类消费稳定，从 18～29 岁过渡到 60～69 岁直至 80 岁及以上的高龄阶段平均消费量在 23.28～25.32 克/天的范围波动。

第三，水产品消费方面，男性居民水产品消费随着年龄增加而增加，但老年阶段增幅逐渐减小，消费维持在一定水平上。基准组 18～29 岁水产品消费水平为 24.59 克/天，30～49 岁人群消费随年龄变化不显著，50～59 岁人群消费增加 1.95 克/天。进入老年阶段后，消费水平继续增加，60～69 岁、70～79 岁和 80 岁及以上年龄段消费有所增加但并不显著，整体来看男性老年人消费基本与基准组持平。

第四，水果消费方面，男性居民的水果消费在老年阶段明显增加且增幅迅速扩大，与基准组相比，30～49 岁男性居民水果消费有所下降，但进入老年阶段后迅速增加，具体为 60～69 岁、70～79 岁和 80 岁及以上人群消费增加为 1.67 克/天、2.47 克/天和 2.17 克/天。

第五，豆类消费方面，消费水平随着年龄增加但统计不显著。马冠生等（2008）对我国居民 15～17 岁、18～44 岁、45～59 岁和 60 岁及以上年龄组的豆类消费分析也发现，4 个年龄组间的消费有所增加但幅度不大。

表 6-4 显示，女性居民的谷物、蔬菜和畜禽肉类消费水平

表 6-4　女性分年龄各类食物消费变化

变量	(1) 谷物	(2) 豆类	(3) 蔬菜	(4) 水果	(5) 畜肉	(6) 禽肉	(7) 奶制品	(8) 蛋类	(9) 水产品
30~39 岁	13.81***	2.428*	9.944***	-2.883*	-1.084	-0.340	-1.829**	0.072 7	0.096 3
	(3.345)	(1.350)	(3.782)	(1.751)	(1.330)	(0.604)	(0.756)	(0.687)	(0.968)
40~49 岁	6.600**	3.134**	17.30***	-0.590	0.034 2	-1.051*	1.005	0.546	-0.997
	(3.317)	(1.339)	(3.751)	(1.736)	(1.319)	(0.599)	(0.750)	(0.681)	(0.960)
50~59 岁	-7.757**	4.298***	17.02***	2.301	-1.410	-1.394**	4.282***	1.857**	2.153**
	(3.512)	(1.417)	(3.971)	(1.838)	(1.397)	(0.634)	(0.794)	(0.721)	(1.016)
60~69 岁	-34.86***	7.389***	-1.870	2.885**	-4.397***	-2.780***	7.785***	2.240***	1.616*
	(3.921)	(1.582)	(4.433)	(2.052)	(1.559)	(0.708)	(0.887)	(0.805)	(1.035)
70~79 岁	-77.95***	8.678***	-34.05***	4.338*	-6.688***	-3.157***	14.86***	5.374***	-0.699
	(4.952)	(1.998)	(5.599)	(2.592)	(1.969)	(0.894)	(1.120)	(1.017)	(1.433)
≥80 岁	-112.5***	5.402	-73.53***	-1.516	-13.85***	-2.272*	18.59***	1.804	-1.517
	(9.139)	(3.688)	(10.33)	(4.784)	(3.634)	(1.450)	(2.067)	(1.877)	(2.645)
家庭规模	3.328***	-0.328	-0.774	-2.211***	-1.947***	0.0839	-1.198***	-1.381***	-1.144***
	(0.643)	(0.260)	(0.727)	(0.337)	(0.256)	(0.116)	(0.145)	(0.132)	(0.186)
民族	-5.181	-0.571	20.97***	6.174***	0.246	-0.820	3.142***	0.919	0.454
	(3.159)	(1.275)	(3.572)	(1.654)	(1.256)	(0.570)	(0.714)	(0.649)	(0.914)

（续）

变量	(1) 谷物	(2) 豆类	(3) 蔬菜	(4) 水果	(5) 畜肉	(6) 禽肉	(7) 奶制品	(8) 蛋类	(9) 水产品
受教育程度	−18.99***	2.872***	−8.695***	6.490***	5.498***	1.285***	4.158***	2.049***	1.871***
	(0.776)	(0.313)	(0.878)	(0.406)	(0.309)	(0.140)	(0.176)	(0.159)	(0.225)
健康状况	−11.06***	−0.617	9.173***	6.988***	−2.484**	0.844*	1.007*	0.264	−2.329***
	(2.587)	(1.044)	(2.926)	(1.355)	(1.029)	(0.467)	(0.585)	(0.531)	(0.749)
婚姻状况	17.61***	2.040*	20.45***	2.776**	5.439***	1.114*	0.738	1.296**	3.370***
	(2.674)	(1.079)	(3.024)	(1.400)	(1.063)	(0.483)	(0.605)	(0.549)	(0.774)
社保情况	−8.983***	0.914	−8.924***	6.054***	10.80***	2.302***	1.378**	2.929***	3.368***
	(2.474)	(0.999)	(2.798)	(1.295)	(0.984)	(0.447)	(0.559)	(0.508)	(0.716)
城乡	−43.55***	5.388***	3.515	19.94***	17.39***	4.312***	12.96***	4.396***	9.447***
	(2.023)	(0.816)	(2.288)	(1.059)	(0.804)	(0.365)	(0.457)	(0.415)	(0.585)
Ln收入	−3.894***	1.436***	0.317	3.823***	4.342***	0.974***	2.208***	1.592***	2.083***
	(0.919)	(0.371)	(1.039)	(0.481)	(0.365)	(0.166)	(0.208)	(0.189)	(0.266)
常数项	406.3***	20.90***	256.5***	17.75***	−17.75***	−7.129***	12.92***	15.06***	−12.99***
	(11.24)	(4.535)	(12.71)	(5.882)	(4.468)	(2.028)	(2.541)	(2.308)	(3.252)
N	22 828	22 828	22 828	22 828	22 828	22 828	22 828	22 828	22 828
Adj-R²	0.30	0.17	0.18	0.23	0.27	0.12	0.24	0.14	0.17

随年龄增加稳定下降。具体来说，以 18～29 岁年龄为基准组，60～69 岁女性居民的谷物、蔬菜、畜肉和禽肉消费量分别平均下降 34.86 克/天、1.87 克/天、4.40 克/天和 2.78 克/天；70～79 岁女性居民的消费量分别平均下降 77.95 克/天、34.05 克/天、6.69 克/天和 3.16 克/天；80 岁及以上女性居民上述食物消费量分别平均下降 112.50 克/天、73.53 克/天、13.85 克/天和 2.27 克/天。综合来看，女性居民各年龄阶段的下降程度小于样本总体。可能的原因是女性居民自身消费的基数小，所以各个食物消费下将空间较小。

相反，水果、豆类、水产品、蛋类和奶制品的消费不减反增，且奶制品消费增幅最为显著。与基准组相比，30～49 岁女性群体的奶制品消费为 8.27～11.17 克/天，基本与基准组持平；进入中年阶段后，女性群体的奶制品消费开始稳定上升，50～59 岁、60～69 岁、70～79 岁和 80 岁及以上人群均在 1% 水平上增加消费量，也就是说，相比 18～29 岁女性群体，50～59 岁女性群体奶制品消费平均增加 4.28 克/天。60～69 岁、70～79 岁、80 岁及以上女性群体奶制品消费平均增加 7.75 克/天、14.86 克/天和 18.59 克/天。不仅如此，我们还发现，60～69 岁女性居民的水果、豆类和水产品消费量分别平均增加 2.89 克/天、7.391 克/天和 1.62 克/天；70～79 岁女性居民的消费量分别平均增加 76.21 克/天、32.68 克/天和 7.88 克/天；80 岁及以上女性居民的消费量有所增加，但统计不显著，各年龄阶段的下降程度大于样本总体。Doherty（1999）研究发现，女性居民更加重视健康，在水产品、蔬菜、水果和奶制品上的消费更多，可见我国女性也同样存在上述特点。

对比男性和女性食物消费在相同年龄的变化后发现：男性和女性在各年龄阶段的变化方向一致，但在显著性水平上女性高于男性且消费随年龄变化特点更为明显。以豆类消费为例，女性豆类消费随着年龄增加而显著增加，而男性豆类消费并没有表现出明显的随年龄变化的规律；较 18～29 岁的基准组而言，女性

60～69 岁人群的豆类消费水平平均增加 7.39 克/天；相同年龄阶段男性 60～69 岁人群的豆类消费水平虽也平均增加 1.79 克/天且统计不显著；女性 70～79 岁及以上人群平均增加约 8.68 克/天，而男性 70～79 岁及以上人平均增加 3.56 克/天；80 岁及以上人群的变化依然如此。

最后，从控制变量来看，基本符合预期。具体而言，主要有以下几方面。

①收入依然是男性和女性居民食物消费差异的重要影响因素之一。表 6-3 显示的收入半弹性来看，男性居民的水果和畜肉类的收入半弹性在所有类别食物中最大，意味着收入变化 1% 所引起水果和肉类消费绝对量变化最大，分别为 3.66 克/天和 4.95 克/天；女性居民的水果和肉类的收入半弹性在所有类别食物中最大，收入变化 1% 所引起水果和肉类消费绝对量变化最大，分别为 3.82 克/天和 4.34 克/天。

②教育对男性和女性的食物都产生积极作用，但对女性的影响要大于男性。以优质蛋白来源的禽肉为例，受教育程度更高的男性和女性都会增加禽肉的消费，但同等受教育程度男性和女性比较，女性禽肉的增加大于男性。

③婚姻对于食物消费的影响更多表现在女性食物消费上，而对男性食物消费的改善程度不显著。由于女性寿命长于男性，老年人中女性所占比例较大，婚姻对这部分样本的正向影响更为显著。对老年人而言，配偶的支持可以帮助伴侣更好的应对风险和疾病（Umberson，1992），这也在一定程度上佐证：男性和女性年老后的婚姻状况与被照顾程度息息相关，更多关注高龄女性（尤其是丧偶老人）被照顾情况，将有助于改善女性老人的食物消费。

④健康变量对男性居民的消费更多表现为负面影响，而对女性居民的食物消费则表现出正面影响。这里需要谨慎解释这其中的原因，生病并不意味着能够改善女性食物的消费情况，而更可能是女性更强的健康意识，生病后更加重视自己健康，改善自身

的食物消费。

6.3.2　男性、女性食物消费结构随年龄的变化

在以上分类别讨论了男性和女性居民不同年龄段的食物消费变化，证实男性和女性细分后的食物消费水平的变化幅度不同，这将会如何影响消费结构？第 4 章中提及了谷物和肉类内部消费结构的变化在男性和女性个体变老过程中将会如何变化。为此，本小结先从整体上对比男性和女性老龄化过程中食物消费结构的变化，而后进一步讨论谷物和肉类消费的变化。

①老龄化进程中的高龄化将有助于社会食物结构转化。表6-5显示了男性和女性食物消费结构的变化，随着年龄的增加，无论男女，消费结构都表现为谷物消费比例下降而动物食品消费比例增加。对比男性和女性消费结构发现，女性对谷物和动物制品的消费比例变化程度均大于男性。动物性食物消费结构变化见附表 7 我国老龄化过程中高龄阶段女性化特点显著，也就是说随着老龄化程度进一步加深，女性老年人比例增加，而女性老年人消费结构的变化与我国现阶段食物消费结构变化一致。

表 6-5　男性、女性食物消费比例变化

单位：%

年龄	男性					女性				
	谷物	豆类	蔬菜	水果	动物食品	谷物	豆类	蔬菜	水果	动物食品
18~29 岁	46.34	4.50	32.92	2.79	13.45	43.03	4.61	33.67	4.15	14.54
30~39 岁	46.64	4.59	32.89	2.41	13.47	43.44	4.74	33.99	3.84	13.99
40~49 岁	46.06	4.78	33.31	2.51	13.34	42.35	4.82	34.58	4.12	14.13
50~59 岁	44.93	4.75	34.08	2.75	13.49	41.17	4.98	34.71	4.43	14.71
60~69 岁	44.17	5.07	34.17	3.16	13.43	40.40	5.53	34.42	4.35	15.30
70~79 岁	42.53	5.07	34.65	3.36	13.96	37.61	6.03	33.45	6.03	16.88
≥80 岁	41.59	5.63	33.03	4.46	15.30	36.00	6.24	34.10	5.26	18.40

注：数据源于 CHNS，作者整理。

②谷物类消费结构变化的性别差异表现为：粗粮消费比例随年龄增加而增加且女性增加更为明显（图 6-1）。对男性而言，18～59 岁人群的谷物内部消费结构差异不大，以薯类为代表的粗粮消费比例维持在 25％，细粮消费占谷物消费的主要部分，消费比例在 70％以上；进入老年阶段后上述比例发生变化，60～69 岁男性人群薯类为代表的粗粮消费比例有所增加，70～79 岁阶段该比例继续小幅度增加，80 岁及以上群体薯类为代表的粗粮消费比例为近 40％，挤出细粮消费比例，细粮消费比例下降至 65％左右。对女性而言，18～59 岁群体的谷物消费内部结构同样稳定，薯类为代表的粗粮消费比例为近 30％，细粮消费

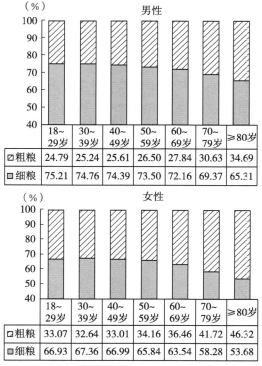

图 6-1　不同年龄男性、女性谷物消费结构变化（％）

比例为近 70％；进入老年阶段后，60～69 岁群体，以薯类为代表的粗粮消费比例略有增加，70～79 岁群体该比例继续增加，此时细粮消费比例下降到 60％以下，为 58.82％，至 80 岁及以上人群，以薯类为代表的粗粮消费比例进一步增加，而细粮消费比例继续下降至 53.68％，意味着女性老龄化过程中粗粮消费对谷物消费影响正逐渐增强[①]。整体来看，女性粗粮消费比例在各个年龄阶段高于男性，这是由于女性居民日常饮食中粗纤维食物摄入更多所致（Fagerli et al.，1999）。

③肉类消费结构变化的性别差异表现为：随着年龄增加，肉类消费结构都表现为红肉（畜肉）消费减少，白肉（禽肉和水产品）消费增加，女性变化更为显著。对男性而言，18～49 岁人群中畜肉消费比例大于 66％；进入 50～59 岁的中年阶段，水产品消费比例增加，挤占了畜肉消费比例；进入老年阶段后，60～69 岁人群水产品消费比例继续增加，同时禽肉消费比例也有所增加，两者挤占畜肉消费比例使得畜肉消费比例进一步下降；80 岁及以上人群水产品和禽肉消费比例进一步增加，畜肉消费比例进一步下降至 60％以下。对于女性而言，畜肉消费在各个年龄阶段消费比例维持在 60％左右，始终小于男性居民，这主要是由于消费习惯所致。所以女性肉类消费结构的变化更多表现为禽肉和水产品之间的变化。随着年龄增加，禽肉和水产品合计消费比例略有增加的同时其内部结构发生变化，18～59 岁人群中两者比例差异不大；进入老年阶段，60～69 岁人群中水产品消费比例增加挤占了禽肉消费比例；70～79 岁上述趋势不变；80 岁及以上人群中禽肉消费比例虽小幅增加但仍小于水产品。可见，由于女性消费习惯导致红肉（畜肉）消费比例随着年龄变化不大，而在白肉消费中呈现出水产品消费比例随年龄增加的趋势（图 6-2）。附图Ⅴ消费水平的变化也间接说明了这一点。

[①]　粗粮和细粮消费水平也间接说明了该观点，详现附图 4。

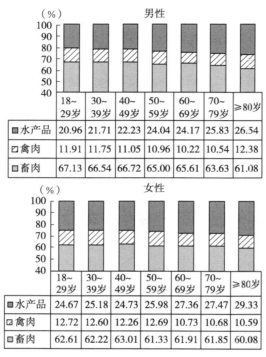

图 6-2 不同年龄男性、女性肉类消费结构变化（％）

6.4 老龄化进程中食物消费性别差距的变化趋势

分性别来看，男女在各类食物消费的水平变化上存在差异，加之男女食物偏好的不同，进而导致食物消费性别差异的存在。比如对于谷物、蔬菜、畜肉、豆类的消费，男性整体消费水平高于女性；而在水果、奶制品和蛋类的消费上，女性消费水平均高于男性；在禽类消费方面，60 岁以前的中青年阶段，男性平均消费水平高于女性，进入中老年阶段，即 60 岁以后，女性的平均消费水平高于男性（图 6-3）。伴随着未来老龄化程度地进一

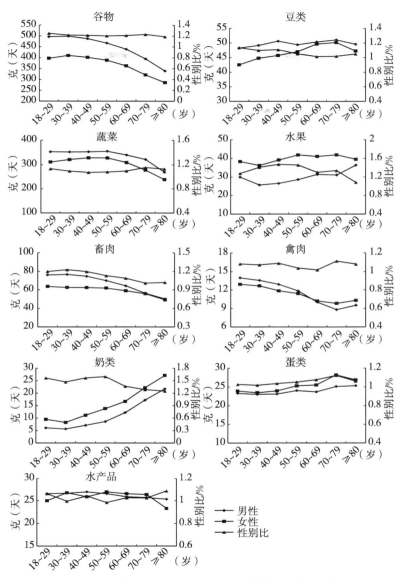

图 6-3　男性和女性不同年龄不同类别食物消费变化

步加深，食物消费的性别差异将如何变化？下面将基于年龄视角讨论男性和女性消费各类食物的变化。图 6-3 显示了控制其他变量后，各类食物消费变化的性别和年龄特征。

（1）谷物消费方面，性别消费差距有所下降

由于男性和女性间的生理差异，通常男性所需能量大于女性，正常情况下男性每日维持生理机能的能量所需 2 500 大卡①，而女性需要 1 500 大卡至 2 000 大卡《中国营养膳食指南 2006》，2006，男性居民平均谷物消费从 18～28 岁群体的 496.71 克/天下降至 80 岁及以上群体的 339.61 克/天，女性平均谷物消费从 18～28 岁群体的 397.46 克/天下降至 80 岁及以上群体的 286.06 克/天；男性居民的平均增长速度为 -5.4%，女性居民的平均增长速度为 -4.6%。所以个体变老的过程中男性增长速度大于女性，进而导致男性和女性的性别消费差距减小：男性女性居民谷物消费的绝对差距在 18～29 岁时为 99.20 克/天，80 岁及以上时两者之间的差距下降为 53.25 克/天；相对差距从 18～29 岁时的 1.3 降至 80 岁及以上时的 1.2。

（2）蔬菜消费方面，消费差距维持不变

男性居民平均蔬菜消费由 18～29 岁群体的 352.84 克/天下降至 80 岁及以上群体 269.69 克/天；女性居民平均蔬菜消费由 18～29 岁群体的 311.01 克/天下降至 80 岁及以上群体的 238.49 克/天；随着年龄的增加，男性和女性消费的平均增长速度相当约为 -3.8%。最终男性和女性居民蔬菜消费的绝对差距从 18～29 岁时的 41.83 克/天下降至 80 岁及以上时的 31.22 克/天；但相对差距稳定保持在 1.1。

（3）蛋类和豆类的性别消费比小幅度下降

①豆类消费方面。男性居民平均豆类消费从 18～28 岁群体的 48.26 克/天增加至 80 岁及以上群体的 45.96 克/天，女性平

---

① 大卡为非法定计量单位，1 大卡＝4.184 0 焦耳。——编者注

均豆类消费从 18～29 岁群体的 42.54 克/天增加至 80 岁及以上群体的 47.24 克/天；男性居民的平均增长速度 0.4％，女性居民的平均增长速度 1.5％。Pratta la et al.（2006）对美国的研究也发现，老年女性会倾向于增加豆类消费，男性则不会。由于女性增长速度大于男性，男性女性居民豆类消费差距下降，在 18～29 岁时为 5.8 克/天，80 岁及以上时两者之间的差距下降为 2.4 克/天；相对差距维持在 1.0～1.1，略有下降。

②蛋类消费方面，男性居民平均蛋类消费从 18～28 岁群体的 23.28 克/天增加至 80 岁及以上群体的 25.32 克/天，女性平均蛋类消费从 18～28 岁群体的 23.31 克/天增加至 80 岁及以上群体的 26.87 克/天；男性居民的平均增长速度为 1.1％，女性居民的平均增长速度为 1.8％。随着年龄增加，男性女性消费的绝对差距在 0.5～1.6 克/天；如果以男性的蛋类消费量为 1，则相对差距维持在 1.0～1.1。

（4）畜肉消费方面，性别消费差距下降

男性居民平均畜肉消费由 18～29 岁时的 76.27 克/天下降至 80 岁及以上时的 50.18 克/天；女性居民平均畜肉消费由 18～29 岁时的 63.56 克/天下降至 80 岁及以上时的 49.15 克/天；男性的平均增长速度约为－6.6％，女性的平均增长速度约为－4％。男性畜肉消费变化速度之所以快于女性，是由于男性在外就餐的概率大于女性，在外就餐相对会摄入较多的畜肉（闵师等，2014）。随着年龄增加而退出劳动力市场，男性在外就餐概率也随之减少，畜肉在外消费减少，与此同时，男性和女性居民畜肉消费的绝对差距从 18～29 岁时的 12.1 克/天下降至与 80 岁及以上时男性女性消费水平基本持平；也正是由于男性增长速度大于女性，所以相对消费差距从 18～29 岁时的 1.20 降至 80 岁及以上时的 1.02。

（5）禽肉消费方面，性别消费差距在老年阶段有所扩大

男性居民平均禽肉消费由 18～29 岁时的 13.98 克/天下降至

80 岁及以上时的 9.52 克/天；女性居民平均禽肉消费由 18～29 岁时的 12.91 克/天下降至 80 岁及以上时的 10.30 克/天。18～59 岁群体的男性居民禽肉平均消费水平高于女性，到 60 岁以后的老年阶段，男性的禽肉消费水平反而低于女性，这其中的原委还有待进一步研究。在高龄阶段即 80 岁及以上的男性居民禽肉消费反而有所增加，推测这是男性样本选择的缘故：男性寿命普遍低于女性，这里 80 岁及以上的男性个体所呈现的消费情况变化，我们可以认为这部分样本是经过选择的，即健康状况较差的样本已经被淘汰，剩下的高龄男性样本健康状况良好，或者说这部分样本膳食行为更健康，肉类消费更倾向于选择脂肪含量较低的禽肉。整体来看，男性禽肉消费的平均增长速度约为－5.4%，女性的平均增长速度约为－3.1%，相对差距在 18～59 岁年龄阶段平均为 1.03，60 岁以后的老年阶段平均为 1.09。

（6）水产品消费方面，消费差距仅在高龄阶段有所增加

男性居民平均水产品消费由 18～29 岁时的 24.59 克/天下降至 80 岁及以上时的 22.41 克/天；女性居民平均水产品消费在个体变老的过程中基本上维持在 25.04 克/天左右。水产品作为一种优质的白肉，不仅能够提供优质动物蛋白而且脂肪含量低，通常人们认为吃深水鱼健脑，低脂鱼类食物可降低胆固醇、软化血管（胡求光等，2009）。女性健康意识强于男性（Du et al.，2016），所以随着年龄增加女性水产品消费基本没变，男性水产品平均增速为－1.3%，相对差距由 18～29 岁时的 1.01 增加至 80 岁及以上时的 1.15。

（7）水果和奶制品消费的性别差异随着年龄增加而减小

分别从水果消费和奶制品消费两个方面来看。

①水果消费，男性居民平均水果消费从 18～28 岁群体的 29.95 克/天增加至 80 岁及以上群体的 36.41 克/天，女性平均水果消费从 18～28 岁群体的 38.32 克/天增加至 80 岁及以上群体的 39.41 克/天。由于男女饮食习惯的不同，男性一般把吃水具视为可有可

无的事，只是在口渴或者在没有其他主食可吃的情况下才会想到吃水果；而女性则把水果当作生活必需品，甚至把它当作主食来对待。这就导致女性水果消费水平始终较高，加之女性对水果的偏爱，所以在个体逐渐变老的过程中（18～80岁及以上），女性消费水果变化较小，而男性消费水果的平均增长速度约为 2.8％。正是由于男性水果消费增速增加，如果把男性水果消费量作为 1，男性和女性水果消费的相对差距从18～29岁时的 1.28 下降至 80 岁及以上时的 1.08。

②奶制品消费，男性居民平均奶制品消费从 18～28 岁群体的 6.08 克/天增加至 80 岁及以上群体的 21.71 克/天，女性平均水果消费从 18～28 岁群体的 9.52 克/天增加至 80 岁及以上群体的 27.13 克/天；男性平均增长率约为 20.1％，女性平均增长率约为 15.8％。由于男性奶制品的消费增长率大于女性，奶制品消费的相对性别消费差距从 18～29 岁的 1.57 下降至 80 岁及以上的 1.23（图 6-4）。

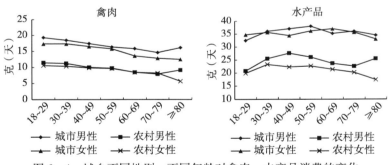

图 6-4　城乡不同性别、不同年龄对禽肉、水产品消费的变化

由第 5 章可知，在老龄化过程中，营养副食的城乡消费差距扩大，如果同时考虑城乡不同性别消费差异的变化趋势，这将有利于制定未来人口老龄化相关政策的精准性。本章的研究选取营养副食中消费差距增加的食物，进而识别是哪类人群消费变化导致性别消费差距发生变化。

图 6-4 进一步展示了不同性别下城乡居民对禽肉和水产品这两类食物的消费情况。在禽肉消费方面，男女消费差异在农村和城市表现有所不同：城市男性的消费水平高于女性；而农村男性和女性禽肉消费水平差别不大。从城乡差别来看，城市男性居民的消费水平始终高于农村男性消费水平且变化趋势相同，两者在高龄阶段都出现消费水平的增加。城市女性消费水平同样高于农村女性，但两者的变化趋势在高龄阶段出现差异，农村高龄女性禽肉消费明显下降。水产品消费方面，男女性别消费差异在城市和农村表现也不相同：随着年龄增加，城市男性和女性水产品消费在 60～69 岁阶段出现明显的交叉分离现象，女性消费水平反而高于男性，这其中的原因有待进一步讨论；而农村女性水产品消费水平始终低于男性，且在高龄阶段消费水平进一步下降。这提醒我们，农村女性的食物营养健康状况值得引起更多关注。邬沧萍（2011）发现，现阶段我国老年人中，性别健康不平等的现象越发严重。其中，女性、高龄和来自农村老年人的健康不平等现象更为严重，也暗示着这些群体的健康资源有可能分布更加不均。

综上所述，通过上述分类别的食物消费分析可以看出：老龄化过程中，男性和女性消费变化趋势相同，整体来看性别消费差距随年龄变化不大，个别食物性别消费差距减少。通过进一步归纳可知，在老龄化过程中，男性居民的谷物消费始终是女性居民的 1.2 倍左右；基本生活副食的性别消费差距有所减小，即蔬菜、畜肉和豆类消费的性别消费差距略有缩小；由于老年男性水果和奶制品消费的增加，这类营养副食消费差距在老年阶段减小，与此同时，水产品和禽肉消费差距的扩大值得关注，尤其是农村（高龄）女性这两类食物的消费需要引起重视。

6.5 本章小结

由于我国人口老龄化在高龄阶段性别差异显著，女性的老龄化程度特别是高龄化程度高于男性，老龄化速度快于男性，鉴于此，本章进一步讨论老龄化对男性和女性食物消费的影响。基于 CHNS 数据，男性和女性样本讨论年龄对各类食物消费的影响发现几点。

（1）食物消费水平变化

伴随年龄增加，男性和女性食物消费都没有呈现一致的减少，这与样本总体变化一致。归纳概括为，仅有谷物、蔬菜和畜禽肉类消费随着年龄增加而显著下降，其余食物则并没有与表现出减少趋势。相反，奶制品消费增幅显著。需要说明的是研究发现，高龄女性和农村高龄老人的食物消费有所下降，这是经济社会转型时期社会保障相关体系缺位，发展不平衡的一种体现。

（2）食物消费结构的变化

随着年龄增加，男性和女性消费结构都呈现出谷物消费比例减少而动物食物消费比例增加的现象。进一步讨论谷物消费结构变化发现，随着年龄增加，以薯类为代表的粗粮消费比例增加的现象不存在性别差异，但消费习惯导致女性粗粮消费比例远大于男性。肉类消费方面，随着年龄增加，男性居民肉类消费结构变化可概括为白肉（水产品和禽肉）消费比例增加，红肉（畜肉）消费比例减少，在老龄化背景下，消费结构更为合理；而女性肉类消费结构中红肉（畜肉）消费比例相对稳定，变化更多表现在内部结构的变化，即水产品消费比例增加。

（3）消费差距的变化

在老龄化过程中，男性和女性消费差距的变化表现为：在基本生活副食方面，消费差距缩小；而在营养副食消费方面消费差距的变化不能一概而论，奶制品和水果消费差距减小，水产品和禽肉消费差距增加。未来尤其需要关注农村女性高龄老人在这两类食物上的消费。

第7章　人口老龄化进程中的食物消费变化分析：地区视角

我国在人口老龄化过程中，东部沿海省份的人口老龄化程度一直领先于其他省份，不同地区老龄化程度的差异会对食物消费有何影响？本章将根据第 3 章的理论分析框架，基于 CHNS1997—2011 的微观数据，分别考察东部地区居民和中西部地区居民在变老过程中食物消费的变化。主要围绕以下 3 个方面展开：一，老龄化对不同地区居民消费水平的影响及差异；二，老龄化对不同地区居民消费机构的影响及差异；三，未来老龄化背景下，地区间食物消费差距如何变化。

7.1　引言

我国幅员辽阔，经济发展水平差异较大，人口老龄化的发展具有很强的地区差异性。这种区域空间差异主要表现在两个方面：一是区域内差异，即本地区内部由于城乡人口迁移等导致人口老龄化的"城乡倒置"等差异化问题（全国老龄工作委员会办公室政策研究部，2006；杜鹏等，2010）和大都市区内部的老年人口分布差异等问题；二是区域间差异，即中国各省会区间因社会经济发展条件而引起的人口老龄化演化阶段、特征与趋势等方面差异（姚静等，2000；赵儒煜等，2012）。对于第一个方面即区域内的差异，已经在第 5 章中做过详细讨论，本章将就老龄化的区域间差异展开讨论。

随着老龄化进程推进，人口老龄化过程中明显的区域特点逐渐引起学者的关注。现有文献中关于人口老龄化相关区域差异的研究可以归纳为 3 个方面：部分研究聚焦老龄化本身，分析全国或者具体一个省份、地区的人口结构变化过程的特点（全国老龄工作委员会办公室政策研究部，2006）；部分研究聚焦人口结构老化过程中对区域经济的影响以及未来如何应对（杨雪等，2011；徐达，2012；包玉香，2012；胡鞍钢等，2012；赵儒煜等 2012）；部分研究从实证角度量化区域间人口老龄化程度以及分析区域差异的未来演变趋势（杨雪等，2011；邬沧萍等，2011；林琳等，2007）。从上述研究可知：现有研究更多关注不同区域老龄化本身的变化规律以及对宏观经济的影响，对微观层面的关注相对较少，而老年人的福利问题则是老龄化过程中的一个重要的问题（王冰，1993）。为弥补上述研究的不足，本章的研究拟考察不同地区居民在变老过程中不同种类的食物消费是否会发生变化，如果发生变化，这种变化是否相同？如果不同，是什么原因导致的；随年龄增加，地区间个体食物消费未来变化趋势如何？

7.2　分析方法与数据说明

7.2.1　分析方法

　　韩立岩等（2011）在对东部地区和中西部地区的人均可支配收入与消费支出的关系进行研究后发现，东部地区收入和物价水平较高，故而最低消费水平也较高；而中西部地区的边际消费倾向则更强。鉴于此，本章的研究对食物消费支出与可支配收入关系进行分析，发现，东部地区和中西部地区影响消费支出的机制存在差异。故本节在第 4 章内容基础上，将对东部[①]和中西部[②]地区分别建模，深入研究年龄和食物消费间关系的区域性以及个

---

　　①　此处所指的东部地区涉及我国 5 个省份，分别是：辽宁省、江苏省、山东省、北京市和上海市。
　　②　此处所指的中西部地区涉及我国 7 个省份，分别是：河南省、湖北省、湖南省、黑龙江省、广西壮族自治区、贵州省、重庆市。

体差异性。如果东部地区和中西部地区两个子样本估计的模型有相同的系数，那么样本是同质的，可以用全样本估计统一的模型。反之，子样本是异质的，应拒绝使用统一的模型。研究中根据第 4 章一般模型估计结果，加入地区变量与各变量的乘积交叉项，利用联合统计检验排除不显著的除年龄外的其他交叉变量，然后专门检验年龄对消费的影响不存在地区间差异的虚假设。通过添加"年龄＊地区虚变量"的回归，如果排除不显著的除年龄外的其他交叉变量后利用联合统计显示在 1％水平上拒绝"年龄＊地区虚变量"同时等于 0 的原假设，意味着老龄化对东部地区和中西部地区居民的食物消费影响不同。

如果上述条件成立，分地区进行研究，旨在比较在相同年龄阶段不同地区个体的食物消费差异。借鉴相关研究（朱勤等，2015；茅锐等，2014），同时控制个人层面的变量如年龄、收入、健康状况、性别、教育、婚姻状况、民族等，家庭层面的家庭规模等。考虑上述各方面影响因素后，分地区建立模型：

$$C_{jk} = c_{jk} + \alpha'_{0k}Dummy0_{jk} + \alpha'_{ik}Dummy1_{jk} + \cdots$$
$$+ \alpha'_{ik}Dummy_{jk} + \beta social_j + T + e_{jk} \quad\quad (7-1)$$

其中，C_{jk} 是个体 j 的 k 类食物消费情况，$Dummy_{jk}$ 是一组虚拟变量，如果 j 个体年龄为 0 岁即为 $Dummy0=1$；如果 j 个体年龄为 1 岁即为 $Dummy1=1$；如此往复。其中，各年龄代表性消费者的消费水平 α_{ik} 是待估参数。c_{jk} 为常数项，α'_{jk} 为影响度，e_{jk} 代表非观测效应，包含其他全部观测不到的因素。之后，分别对东部地区和中西部地区回归上述方程，比较 α_{ik} 系数的差别即为老龄化过程中不同地区居民食物消费的变化。为获得不同地区个体"干净"的年龄效应，上述回归方程同样考虑队列效应和时期效应对年龄变量的干扰，采用 Heathcote et al.（2004）提出的方法，通过控制个体社会经济特征和年份的固定效应得到年龄的"净效应"。

　　在以上分析的基础上，将进一步讨论在老龄化过程中地区间食物消费差距的变化趋势。通过比较年龄对不同地区个体食物消费影响程度的大小来判断未来地区之间食物消费差距的变化。现有研究已经证实个体食物消费具有很强的地域性（刘秀梅等，2005；周津春，2006；许月卿等，2011），但少有研究基于年龄视角探讨食物消费的地域差异随年龄变化规律，且同时考虑了出生队列效应的情况下的变化趋势。为此，本章基于生命历程的视角，探讨不同资源在年龄维度上的分配对地区消费差异上的作用机制，也为地区差异的相关研究提供新视角。考虑不同地区经济发展与社会保障水平、消费习惯以及老人健康状况的差异，提出本研究的理论假说。

　　理论上，与中西部地区相比，东部地区经济发展水平较高，相应地医疗条件和各项社会保障更加完善，从而使得东部地区居民年老后生活更加有保障；相比之下，中西部地区居民年老后各项保障措施相对较弱，生活更容易受影响。由此我们推断：

　　假说 7－a：在剔除队列效应的影响后，随着年龄增加，东部地区和中西部地区居民的食物消费差距将扩大。

　　然而，食物消费本身具有很强的地域性。以肉类消费为例，南方地区居民猪肉和禽肉消费水平较高；而北方地区居民牛羊肉消费更较；西北地区居民牛、羊肉消费比北方地区居民更高，位列首位（蒋乃华等，2002）。可见不同区域居民的消费习惯不同，而老年群体的消费更大程度上受到习惯的影响。所以从这个角度来看：

　　假说 7－b：在剔除队列效应的影响后，随着年龄的增加，东部地区和中西部地区居民的食物消费差距可能不会发生变化。

　　此外，一个不能忽视的客观事实是我国老人的健康状况有着明显的地区差异。虽然全国老年人的平均健康水平逐步改善，但老年人的健康不平等现象越发严重，不同省份之间老年人健康状况存在显著差异，东部地区老年人健康状况较好，西部地区老年人健康状况最差。杜本峰等（2013）证实了我国老年人健康状况的省际地区间存在差异，并认为整体上不同地区老年人健康状况整体上是越来越好，未来各地区间老人健康差异将逐渐减小。个体健康状况会在一定程度上影响个体食物选择，老年人表现则更为明显（国凯等，2013）。所以，从地区老人健康趋势变化推断：

假说 7 - c：在剔除队列效应的影响后，随着年龄的增加，东部地区和中西部地区居民的食物消费差距将减小。

综上所述，关于地区间消费差距随年龄变化的趋势，从地区间经济、社会保障发展情况来看，地区间消费差距有所扩大；地区间老年人口健康状况差异缩小，在一定程度上减少了消费差距的扩大；如果考虑地区消费习惯的影响，消费差距未必会发生变化。由此可见，现实中地区消费差距变化取决于不同效应的力量对比。

7.2.2　数据说明

本章研究的数据主要来自中国居民健康与营养调查项目的数据（CHNS）。主要使用 1997—2011 年个体每天各类食物消费数量作为因变量，为了便于分析，按照《中国居民膳食指南》提出的膳食宝塔将食物分为 9 个大类。依照我国经济社会加速发展的新形势，全国可分为四大经济区域，分别为：东北地区（黑龙江省、吉林省、辽宁省及内蒙古自治区东部的呼伦贝尔市、兴安盟、通辽市、赤峰市、锡林郭勒盟），中部地区（山西省、河南省、湖北省、湖南省、江西省、安徽省），东部地区（北京市、天津市、河北省、山东省、江苏省、上海市、浙江省、福建省、广东省、海南省），西部地区（四川省、广西壮族自治区、贵州省、云南省、重庆市、陕西省、甘肃省、内蒙古自治区西部、宁夏回族自治区、新疆维吾尔自治区、青海省、西藏自治区）。结合本研究的样本分布特点，我们将样本分为东部地区 5 个省份和中西部地区的 7 个省份，两地区样本中各变量的描述性统计见表 7-1 和表 7-2。

表 7-1 东部地区年龄阶段变量描述

食物（克/天）	18~29 岁	30~39 岁	40~49 岁	50~59 岁	60~69 岁	70~79 岁	≥80 岁
谷物	417.91	428.04	435.21	414.26	391.54	348.79	296.81
豆类	56.33	57.73	59.24	58.44	61.14	62.28	55.33
蔬菜	292.47	309.73	324.58	326.44	322.17	303.91	253.36
水果	48.05	49.96	49.91	57.83	65.25	73.58	80.48
畜肉	74.74	73.92	68.33	66.58	64.27	58.88	52.43
禽肉	17.87	17.55	13.89	14.16	13.54	11.89	14.64
奶制品	17.30	14.29	13.05	18.17	25.58	38.42	51.35
蛋类	32.10	32.49	33.49	34.76	35.13	39.83	38.35
水产品	33.18	37.15	33.50	38.34	38.90	37.15	37.18
家庭规模	4.22	3.97	3.52	3.31	3.06	2.59	2.52
收入	13 563	15 250	14 372	13 773	13 323	14 625	19 640
城乡	0.37	0.34	0.28	0.36	0.49	0.58	0.65
健康状况	0.06	0.08	0.10	0.16	0.24	0.32	0.39
受教育程度	2.92	2.54	2.09	1.72	1.64	1.48	1.77
婚姻状况	0.52	0.94	0.95	0.94	0.88	0.74	0.53
性别	0.48	0.48	0.48	0.50	0.52	0.53	0.61
民族	0.94	0.91	0.90	0.92	0.95	0.94	0.97
社会保障	0.60	0.64	0.70	0.76	0.80	0.83	0.80
N	1 730	2 999	2 997	2 777	2 503	2 159	1 120

注：数据源于 CHNS 作者整理，下述相同。

表 7-2　中西部地区年龄阶段变量描述

食物 （克/天）	18～29 岁	30～39 岁	40～49 岁	50～59 岁	60～69 岁	70～79 岁	≥80 岁
谷物	461.26	470.33	459.87	455.75	424.63	369.88	319.43
豆类	40.80	43.03	44.22	44.08	44.65	45.20	41.25
蔬菜	350.06	353.53	358.51	363.77	342.42	314.08	263.72
水果	27.92	29.15	33.92	32.94	28.90	29.06	26.32
畜肉	67.77	71.22	73.97	68.76	63.68	64.63	61.88
禽肉	11.46	11.83	11.75	10.72	9.262	9.554	12.16
奶制品	3.64	3.62	5.05	6.09	6.53	7.52	10.46
蛋类	19.52	21.99	22.53	21.80	20.36	22.07	20.59
水产品	21.12	24.12	25.38	24.85	21.37	21.73	23.31
家庭规模	4.49	4.15	3.88	3.75	3.46	3.19	3.06
收入	7 891	10 434	11 572	10 475	8 790	9 272	10 295
城乡	0.32	0.31	0.34	0.33	0.31	0.39	0.48
健康状况	0.05	0.08	0.10	0.25	0.30	0.37	0.42
受教育程度	2.26	2.11	1.94	1.50	1.10	0.86	0.70
婚姻状况	0.56	0.93	0.95	0.91	0.82	0.68	0.52
性别	0.52	0.48	0.49	0.50	0.53	0.55	0.55
民族	0.83	0.87	0.87	0.83	0.83	0.86	0.82
社会保障	0.33	0.43	0.51	0.53	0.58	0.61	0.55
N	3 962	6 104	6 134	5 302	3 862	2 668	1 533

①地区间居民各类食物消费来看，随着年龄的增加，仅有谷

物、蔬菜和畜肉稳定下降，其余食物消费变化并没有呈现上述规律。禽肉和水产品变化来看，虽然进入老年阶段后出现消费下降，但随后维持在这一水平不再下降。而奶制品、水果和蛋类消费无论东部还是中西部地区，消费都呈明显增加趋势。以奶制品为例，东部地区 18～29 岁群体人均消费为 13.90 克/天，至 80 岁及以上人群时奶制品消费为 49.19 克/天，增长了近 3 倍；而中西部地区 18～29 岁居民奶制品消费 3.64 克/天上升至 80 岁及以上居民消费的 10.64 克/天。进一步对比东部地区和中西部地区消费发现，中西部地区在谷物、蔬菜和畜肉上的消费高于东部地区；而东部地区在水果、禽肉和水产品等消费上高于中西部地区。

②健康方面，东部地区老人健康状况好于中西部地区：中西部地区患病概率高于东部地区，尤其是中西部地区的高龄老人。该结论和现有研究结论一致，杜鹏（2013）发现，我国各省份的老年人健康状况差异很大，东部地区老年人健康状况普遍较好，而大多数中西部地区健康老年人的比例相对较低。广东和福建是我国老年人健康状况最好的两个省份。

③收入保障方面，总体来看东部地区个人收入普遍高于中西部地区，这主要是由于经济发展程度不同造成的；通过比较不同年龄阶段收入变化发现，较东部地区老人而言，中西部地区 60 岁以上老人收入下降程度较大，这可能和中西部老人收入较为集中、更多依靠子女供给有关（丁志宏，2013）。东部地区居民的医疗保险参保率高于中西部地区，在老年阶段则更为明显，东部地区 70～79 岁人群医疗保险参保率为 81.30%，相同年龄段中西部地区居民的参保率为 61.40%；东部地区 80 岁及以上的人群医疗保险参保率为 80.20%，而中西部地区居民的参保率进一步下降为 54.60%。

④家庭规模方面，从生命周期各个阶段来看，家庭规模在 40～59 岁之间较大，主要是由于该年龄阶段老人为子女照顾孙

辈多出现多代合住；在进入 60 岁后，家庭规模开始减小，东部地区的家庭规模小于中西部地区。

7.3 东中西部居民食物消费在不同年龄阶段的变化

7.3.1 年龄对地区间各类食物消费水平的影响

中国人口老龄化的空间演变趋势是由东部沿海地区向西部地区逐步推进，随着经济发展而逐步提升，并在经济水平接近的地区形成人口老龄化同类型集聚分布，但其演变趋势又会受到原有人口老龄化基础的限制（王志宝等，2013）。鉴于此，本研究将分地区考察年龄和食物消费变化之间的关系，对此将样本划分为东部地区和中西部地区分别进行验证，并在地区差异视角下讨论食物消费未来变化趋势。在考察人口老龄化对不同地区食物消费影响之前，我们需要首先检验老龄化是否对东部地区和中西部地区的影响显著存在差异。加入"年龄×地区虚变量"的回归结果见附表Ⅷ，首先排除年龄以外的其他不显著的交叉项，然后利用联合统计检验"年龄×地区虚变量"同时等于 0 的原假设。统计结果显示在 1% 水平上拒绝原假设，意味着老龄化对东部地区和中西部地区居民的食物消费影响不同。下面将分别显示东部和中西部地区分样本后的回归结果。

表 7-3 显示了东部地区分类别食物的变化：随着年龄的增加，东部地区居民的各类食物消费并没有表现出一致的增加或者减少，与样本总体一致；从影响程度来看，不同类别食物表现不同。

表 7 - 3　东部地区年龄与食物消费的关系

变量	(1) 谷物	(2) 豆类	(3) 蔬菜	(4) 水果	(5) 畜肉	(6) 禽肉	(7) 奶制品	(8) 蛋类	(9) 水产品
30~39 岁	10.61**	-1.067	9.645**	-2.088	-2.626	-1.313	-1.921	-0.559	2.124
	(4.598)	(1.975)	(4.882)	(2.410)	(1.815)	(0.865)	(1.244)	(1.013)	(1.387)
40~49 岁	8.401*	-0.309	24.07***	-2.563	-4.271**	-2.236***	0.153	0.213	0.831
	(4.564)	(1.960)	(4.846)	(2.392)	(1.801)	(0.859)	(1.234)	(1.006)	(1.376)
50~59 岁	-11.28**	-1.645	22.39***	2.325**	-8.906***	-3.324***	4.034***	1.579	3.544**
	(4.752)	(2.041)	(5.045)	(2.090)	(1.876)	(0.894)	(1.285)	(1.047)	(1.433)
60~69 岁	-28.10***	3.455**	12.15**	4.524*	-15.56***	-5.681***	8.616***	1.030	0.708
	(5.116)	(2.197)	(5.431)	(2.681)	(2.019)	(0.963)	(1.383)	(1.127)	(1.543)
70~79 岁	-67.49***	4.948**	-8.966	7.740**	-22.15***	-6.298***	20.24***	3.597***	0.100
	(6.052)	(2.600)	(6.426)	(3.172)	(2.389)	(1.139)	(1.637)	(1.334)	(1.825)
≥80 岁	-119.2***	-1.221	-60.77***	11.05**	-34.06***	-5.466***	30.42***	1.562	-3.565
	(10.29)	(4.419)	(10.92)	(5.391)	(4.060)	(1.936)	(2.782)	(2.267)	(3.102)
家庭规模	8.709***	-0.992***	-4.599***	-4.193***	-1.425***	0.373**	-1.764***	-2.262***	-2.375***
	(0.877)	(0.377)	(0.932)	(0.460)	(0.346)	(0.165)	(0.237)	(0.193)	(0.265)
民族	-2.115	-6.556***	4.726	8.940***	-6.159***	-3.149***	3.520***	-1.231	3.998***
	(4.657)	(2.000)	(4.944)	(2.440)	(1.838)	(0.876)	(1.259)	(1.026)	(1.404)

（续）

变量	(1) 谷物	(2) 豆类	(3) 蔬菜	(4) 水果	(5) 畜肉	(6) 禽肉	(7) 奶制品	(8) 蛋类	(9) 水产品
受教育程度	−14.18***	0.518	−6.198***	5.846***	2.595***	1.076***	4.730***	1.474***	2.513***
	(0.939)	(0.403)	(0.997)	(0.492)	(0.371)	(0.177)	(0.254)	(0.207)	(0.283)
健康状况	−18.78***	−2.004	5.766*	7.716***	−0.141	1.373**	1.991**	−0.573	−3.017***
	(3.278)	(1.408)	(3.480)	(1.718)	(1.294)	(0.617)	(0.886)	(0.722)	(0.988)
婚姻状况	−3.504	3.655**	11.90***	2.983	3.729**	1.453**	−1.226	1.333	5.198***
	(3.694)	(1.587)	(3.922)	(1.936)	(1.458)	(0.695)	(0.999)	(0.814)	(1.114)
社保情况	−13.36***	−4.465***	−5.453*	8.880***	9.737***	2.337***	2.233***	4.625***	5.820***
	(3.040)	(1.306)	(3.227)	(1.593)	(1.200)	(0.572)	(0.822)	(0.670)	(0.917)
城乡	−34.67***	5.424***	20.27***	29.83***	25.69***	6.063***	19.10***	7.240***	9.384***
	(2.593)	(1.114)	(2.753)	(1.359)	(1.024)	(0.488)	(0.701)	(0.572)	(0.782)
性别	74.75***	6.413***	26.24***	−16.36***	12.33***	1.939***	−6.420***	1.012**	1.269*
	(2.304)	(0.989)	(2.446)	(1.207)	(0.909)	(0.434)	(0.623)	(0.508)	(0.695)
Ln收入	−10.53***	0.453	1.577	5.284***	6.696***	1.238***	2.799***	2.385***	3.953***
	(1.293)	(0.555)	(1.373)	(0.677)	(0.510)	(0.243)	(0.350)	(0.285)	(0.390)
常数项	449.5***	49.08***	231.9***	0.201	−22.26***	−9.643***	−1.377	12.81***	−37.90***
	(13.79)	(5.925)	(14.65)	(7.229)	(5.444)	(2.596)	(3.731)	(3.040)	(4.160)
N	16 285	16 285	16 285	16 285	16 285	16 285	16 285	16 285	16 285
Adj-R²	0.29	0.22	0.26	0.23	0.25	0.21	0.33	0.27	0.28

注：括号中为稳健的标准误差，*、**、*** 分别代表在 10%、5%、1%的水平上显著。下述相同。

东部地区居民在谷物、畜肉和禽肉的消费下降趋势明显。分类别来看：谷物消费方面，18～29 岁群体为基准组，谷物消费仅在30～39岁人群中消费增加，进入中年阶段后消费开始稳定下降，且都在 1％水平上显著；50～59 岁人群的谷物消费平均减少11.28 克/天，东部居民进入老年阶段谷物消费迅速下降，60～69岁人群谷物消费平均下降 28.10 克/天，70～79 岁和 80岁以上人群谷物消费分别平均下降 67.49 克/天和 119.20 克/天，这意味着随着年龄增加，东部地区居民谷物消费不仅下降而且速率越来越快。总体上东部地区居民谷物各年龄阶段的变化均小于样本总体，这是由于东部地区居民日常谷物消费水平较低，下降空间小。数据显示东部地区居民日常谷物消费平均为 387.63 克/天，而样本总体平均为 463.15 克/天。

畜禽肉消费方面，东部居民消费均呈现显著下降。与基准组比，畜肉消费在青年阶段（30～39 岁人群）变化不显著，而中年阶段以后显著下降，表现为 50～59 岁人群平均减少 8.91 克/天，60～69 岁人群减少 15.56 克/天，70～79 岁人群减少 22.15克/天，80 岁及以上人群减少 34.06 克/天，可知年龄越大减少程度越大。禽肉消费同样也呈现下降趋势：与基准组比，30～59 岁人群禽肉消费水平平均减少1.31～3.32 克/天，进入老年阶段后禽肉消费虽继续下降，60～69 岁人群禽肉消费平均减少 5.68 克/天，70～79 岁人群禽肉消费继续下降，但在高龄阶段有所增加。总体上东部地区畜禽肉消费变化大于样本总体，这是由于东部地区居民经济条件更好，加之健康意识更高，年老后居民自主减少畜禽肉消费，尤其是畜肉消费。

蔬菜消费的减少仅出现在老年阶段。从东部地区各个年龄阶段蔬菜消费变化来看，18～39 岁人群的蔬菜消费总体上呈现随着年龄增加而增加的态势，在 40～49 岁人群达到所有年龄中的消费峰值，为 305.76 克/天，之后虽略有下降但始终维持在 300克/天左右，进入老年阶段消费水平逐渐下降，与基准组相比，

60～69 岁居民平均增加 12.15 克/天；70～79 岁居民减少 8.97 克/天，80 岁及以上人群减少到 60.77 克/天，在高龄阶段达到蔬菜消费水平是最低点，即 223.09 克/天。整体上蔬菜消费则表现为先增加后减少的倒 u 型减少。

除上述 3 种食物以外，东部地区居民的其余消费并没有下降，相反，奶制品的消费明显增加。分别来看：奶制品消费方面，以 18～29 岁作为研究基准组，30～39 岁人群和 40～49 岁人群奶制品消费变化不显著；但进入中年阶段以后，奶制品消费迅速增加且在 1% 水平上显著。具体来看，50～59 岁人群平均每天增加 4.03 克/天，60～69 岁人群平均每天增加 8.62 克/天，70～79 岁人群平均每天增加 20.24 克/天，80～89 岁人群平均每天增加 30.62 克/天。由上述变化可知，东部地区居民奶制品消费的增速随年龄增加，并维持在一个较高水平。同时东部地区老年人的奶制品的消费增加幅度远大于样本总体，尤其是高龄阶段，增幅是样本总体的 1.6 倍，这与付萍等（2008）的研究结论一致：我国 60 岁以上老人奶制品消费研究发现，经济越发达的地区奶制品消费越高。

豆类消费的增幅仅次于奶制品。由表 7-3 列（2）可知，60～69 岁人群豆类消费较基准组平均增加 3.45 克/天；70～79 岁人群豆类消费平均增加 4.98 克/天，80 岁及以上人群豆类消费水平虽然下降但不显著且程度很小。东部地区居民豆类各年龄段变化程度与总体差别不大，这说明样本总体的豆类消费的变化规律在东部地区依然存在。

东部地区居民水果、蛋类和水产品消费也都呈现不同程度的增加。进一步从上述各类食物提供营养角度看，水产品是优质动物蛋白来源，而水果提供丰富的膳食纤维，东部地区居民的膳食行为更加健康。

表 7 - 4　中西部地区年龄与食物消费的关系

变量	(1) 谷物	(2) 豆类	(3) 蔬菜	(4) 水果	(5) 畜肉	(6) 禽肉	(7) 奶制品	(8) 蛋类	(9) 水产品
30～39 岁	7.826***	2.870**	-0.876	-4.993***	0.0643	-0.562	-0.866*	-0.0128	-0.210
	(2.980)	(1.117)	(3.322)	(1.365)	(1.211)	(0.516)	(0.473)	(0.564)	(0.814)
40～49 岁	-4.166	3.347***	0.958	-2.411*	0.629	-0.862*	0.574	0.0168	-0.456
	(2.944)	(1.103)	(3.282)	(1.349)	(1.197)	(0.509)	(0.467)	(0.557)	(0.804)
50～59 岁	-20.14***	3.851***	2.346	-1.917	-2.313*	-1.234*	2.811***	0.637	1.136
	(3.080)	(1.154)	(3.434)	(1.411)	(1.252)	(0.533)	(0.489)	(0.583)	(0.842)
60～69 岁	-59.88***	5.912***	-22.68***	-3.568***	-5.627***	-2.475***	4.673***	0.849	-1.457
	(3.438)	(1.288)	(3.833)	(1.575)	(1.398)	(0.595)	(0.546)	(0.650)	(0.940)
70～79 岁	-111.1***	8.135***	-53.61***	-4.321***	-9.625***	-3.647***	5.968***	2.872***	-1.975*
	(4.348)	(1.629)	(4.848)	(1.992)	(1.768)	(0.753)	(0.690)	(0.823)	(1.188)
≥80 岁	-155.8***	4.575	-99.40***	-8.283***	-16.22***	-1.757	9.001***	1.791	-1.051
	(7.867)	(2.948)	(8.771)	(3.605)	(3.198)	(1.362)	(1.249)	(1.488)	(1.150)
家庭规模	1.557***	-0.319	0.898	-1.367***	-2.368***	0.0170	-0.890***	-1.169***	-0.947***
	(0.565)	(0.212)	(0.630)	(0.259)	(0.230)	(0.0977)	(0.0896)	(0.107)	(0.154)
民族	-11.25***	1.882*	29.00***	2.332*	2.082*	0.0812	2.090***	2.060***	-0.714
	(2.679)	(1.004)	(2.987)	(1.228)	(1.089)	(0.464)	(0.425)	(0.507)	(0.732)

（续）

变量	(1) 谷物	(2) 豆类	(3) 蔬菜	(4) 水果	(5) 畜肉	(6) 禽肉	(7) 奶制品	(8) 蛋类	(9) 水产品
受教育程度	−20.08***	3.277***	−10.56***	4.918***	6.104***	1.050***	4.29***	1.753***	1.701***
	(0.703)	(0.263)	(0.784)	(0.322)	(0.286)	(0.122)	(0.112)	(0.133)	(0.192)
健康状况	−5.369**	−2.069**	9.871***	3.807***	−5.294***	−0.163	0.515	−0.454	−2.084***
	(2.471)	(0.926)	(2.755)	(1.132)	(1.005)	(0.428)	(0.392)	(0.467)	(0.675)
婚姻状况	7.809***	−0.548	14.63***	2.075*	3.352***	0.891**	0.0450	1.512***	3.589***
	(2.419)	(0.907)	(2.697)	(1.108)	(0.983)	(0.419)	(0.384)	(0.458)	(0.661)
社保情况	−8.743***	3.815***	−3.840	7.020***	15.05***	2.251***	1.700***	3.320***	1.339**
	(2.290)	(0.858)	(2.553)	(1.049)	(0.931)	(0.396)	(0.364)	(0.433)	(0.626)
城乡	−47.15***	6.342***	−10.58***	10.64***	16.89***	4.559***	7.475***	2.970***	8.484***
	(1.808)	(0.678)	(2.016)	(0.829)	(0.735)	(0.313)	(0.287)	(0.342)	(0.494)
性别	75.75***	1.690***	26.05***	−6.974***	8.679***	0.803***	−2.978***	−0.0428	1.479***
	(1.629)	(0.610)	(1.816)	(0.746)	(0.662)	(0.282)	(0.259)	(0.308)	(0.445)
Ln收入	−4.318***	2.072***	−1.874***	2.884***	4.888***	1.140***	1.361***	1.433***	1.362***
	(0.805)	(0.302)	(0.897)	(0.369)	(0.327)	(0.139)	(0.128)	(0.152)	(0.220)
常数项	413.3***	−4.274	292.0***	−43.86***	15.67***	−1.049	0.387	−4.149**	0.748
	(9.487)	(3.555)	(10.58)	(4.347)	(3.857)	(1.642)	(1.506)	(1.794)	(2.593)
N	29 565	29 565	29 565	29 565	29 565	29 565	29 565	29 565	29 565
Adj-R²	0.27	0.19	0.18	0.26	0.28	0.22	0.26	0.22	0.25

　　表 7-4 显示了中西部地区居民食物消费的变化。相比样本总体，中西部地区居民在青年和中年阶段食物消费随年龄变化不明显，而在老年阶段多数食物消费下降明显且降幅大于样本总体。以下将基于表 7-4 对中西部地区居民的各类别食物的消费分别展开叙述。

　　谷物、蔬菜、畜禽肉类、水果、水产品消费随年龄增加而下降，尤其在老年阶段。分类别看：谷物消费方面，与基准组18～29岁相比，中西部地区居民谷物消费下降，40～49 岁、50～59岁、60～69 岁、70～79 岁和 80 岁级以上的人群在 1% 显著水平上消费下降。较基准组而言，50～59 岁人群平均减少20.14克/天，60～69 岁人群平均减少 59.88 克/天，70～79 岁人群平均减少 111.10 克/天，80 岁级以上人群平均减少 155.80克/天。上述可知，谷物消费下降速度随年龄增加而增加，仅在高龄阶段有所下降，这使得老年阶段谷物消费维持在较低水平。而表 7-4 的列（3）、列（4）、列（5）、列（6）、列（9）显示：与基准组相比，蔬菜、肉类、水果和水产品这类食物在老年阶段也都表现出不同程度下降。具体表现在老年群体的蔬菜降幅在22.68～99.40 克/天，畜肉降幅在 5.63～16.22 克/天，水果降幅在 3.59～8.28 克/天，水产品降幅在 1.05～1.98 克/天。与相同年龄段的样本总体相比，中西部地区老年人消费的降幅更大，未来中西部地区的老年人福利值得关注。

　　奶制品、豆制品和蛋类消费随年龄增加小幅度上升。奶制品消费方面，与基准组相比，50 岁以后的人群在 1% 显著水平上消费增加，表现为 50～59 岁人群平均增加 2.81 克/天；60～69 岁人群平均增加 4.67 克/天，70～79 岁人群平均增加 5.97 克/天，80 岁级以上人群平均增加 9.00 克/天。从变动幅度来看，中西部地区 50～69 岁人群奶制品增量是相同年龄段总体增量的 67%，70 岁及以上人群奶制品增量为总体增量的 50%。这说明虽然中西部地区老年人的奶制品消费增加，但未来还有很大上升空间。豆制品方面，中西部地区居民豆制品消费随着年龄增加稳定上升，直至 70～79 岁阶段达到所有年龄阶段的最高消费水平，与总体变化相同。蛋类消费方面，仅在 70～79 岁人群和 80 岁及以上人群中消费显著增加，较基准组分别增加 2.87 克/天和 1.79 克/天。

对比东部和中西部地区食物消费的变化，年龄对水果消费的影响也十分显著，老年阶段东部地区和中西部地区的影响方向相反。对比表 7-3 和表 7-4 中的回归系数可知，与基准组相比，东部地区居民和中西部地区居民 30～39 岁和 40～49 岁都出现消费水平下降，进入 50～59 岁的中年阶段，东部地区居民水果消费的变化出现反转，平均增加 2.32 克/天；与此同时，中西部地区居民的水果消费依然保持下降，平均减少 1.92 克/天。随着年龄的增加，东部地区水果消费始终保持增加态势，具体表现为 60～69 岁人群平均增加 3.32 克/天；70～79 岁人群平均增加 6.14 克/天；80 岁及以上人群平均增加 11.42 克/天；而中西部地区情况则恰恰相反，60～69 岁人群平均减少 3.16 克/天；70～79 岁人群平均减少 4.06 克/天；80 岁及以上人群平均减少 8.24 克/天（表 7-5）。

表 7-5　东部、中西部地区不同年龄组食物消费变化对比

单位：克/天

年龄（岁）	东部地区	中西部地区
30～39	-2.27	-4.47
40～49	-1.87	-1.76
50～59	2.24	-1.12
60～69	3.32	-3.16
70～79	6.14	-4.06
≥80	11.42	-8.24

注：数据源于表 7-3 和表 7-4 系数，从 18～29 岁年龄组为基础。

从控制变量来看，各变量基本符合预期。具体看来，主要有以下几方面。

（1）教育水平方面

除了与谷类和蔬菜类食物的消费量呈负相关外，受教育水平对东部地区和中西部地区居民的消费都起着正向作用。也就是说，相同条件下，受教育水平高的个体每日谷类和蔬菜类食物的消费量要小于受教育水平低的人；其他类食物的消费较高（程立超，2009）。对比教育对不同地区居民消费作用发现，除了奶制品和水产品，教育的正向影响在其他食物中表现为中西部地区大于东部地区。这在一定程度上佐证，一方面东部地区和中西部地区居民健康意识①的差异影响了居民食物消费；这意味着未来加大对中西部地区的膳食教育宣传工作将有助于提高中西部居民的膳食质量。另一方面，对于奶制品和水产品，教育的正向影响东部地区要大于中西部地区；这可能由于地区消费习惯导致。

（2）健康方面

健康对东部地区和中西部地区居民的影响方向相反。健康状态对东部地区居民消费影响表现出正向作用，这并不意味着生病更有利于食物消费，更合理的解释是健康意识更为强烈。随着年龄增加个体自身健康状况变差，个体在生活中会更加注意饮食的摄入，所以就出现了生病反而消费了更多蔬菜、水果和奶制品等相对健康的食物识更为强烈。而对于西部居民，健康状况对食物消费表现出更多负向的影响，相比而言，中西部地区居民健康状况较东部居民较差，尤其在老年人中表现更为明显（顾大男等，2001），相对较低的健康水平影响了中西部地区居民的食物消费。

---

① 程令国等（2014）对老年人研究发现，个体受教育程度越高，健康意识更强，日常生活行为更加健康。具体表现为：少抽烟、少喝酒、合理饮食等。

（3）医疗保险方面

医疗保险对不同地区居民食物消费都产生正向影响，但对中西部居民的正向影响小于东部地区的居民。可能的原因是东部地区保险业较为发达、居民的保险意识和健康意识较强而言，中西部地区的保险业发展相对落后且分支机构较少，居民的自身健康意识也较薄弱，加之收入水平相对较低的中西部地区处于消费升级滞后的发展阶段，保险的作用更多表现为稳定收入。随着中西部大开发的推进，该地区居民的收入和生活水平得到提高，对医疗保险的需求自然也水涨船高。随着保险广度与深度的扩大，未来社会保险与商业保险的保障作用将会体现出来。

7.3.2 地区间食物消费结构随年龄的变化

我国人口老龄化不仅具有地域性，居民的食物消费也具有很强的地域特点，两者共同作用将会怎样影响食物消费结构？换言之，东部地区和中西部地区在居民老龄化过程中消费结构的变化一致吗？第 4 章中提及的谷物和动物制品内部消费结构的变化特点在不同地区之间表现相同吗？

表 7-6 显示了不同地区食物消费结构的变化。对于东部地区，老龄化过程中谷物消费比例下降而动物食品消费比例增加：随着年龄的增加，东部地区在 50～59 岁居民蔬菜消费比例开始增加，谷物消费比例下降；60～69 岁居民蔬菜消费比例不变，动物食品消费比例增加，谷物消费比例继续下降；70～79 岁居民动物食品消费比例继续增加而谷物消费比例继续下降；在 80 岁及以上群体中，蔬菜消费比例不变，动物食品和水果等食品消费持续增加，谷物消费比例已经下降至 40% 以下，上述动物食品消费比例显著增加主要归因于奶制品消费比例的迅速增长（附表 6）。随着年龄的增加，与东部地区变化不同的是，中西部居民谷物消费比例小幅度下降，但动物食品消费比例增幅不明显。

表7-6　东部和中西部地区食物消费比例变化

单位：%

年龄	东部地区					中西部地区				
	谷物	豆类	蔬菜	水果	动物食品	谷物	豆类	蔬菜	水果	动物食品
18～29岁	42.22	5.69	29.54	4.85	17.70	45.96	4.07	34.88	2.78	12.31
30～39岁	42.65	5.77	29.64	4.54	17.40	46.46	4.34	34.68	2.33	12.19
40～49岁	42.73	5.98	28.28	5.60	17.41	45.54	4.45	35.07	2.61	12.33
50～59岁	40.60	5.67	30.80	5.15	17.78	44.48	4.56	35.59	2.71	12.66
60～69岁	39.88	5.60	30.24	5.21	19.07	43.66	5.08	35.54	2.68	13.04
70～79岁	37.76	5.54	30.50	5.61	20.59	42.42	5.75	35.56	2.83	13.44
≥80岁	35.71	5.11	30.59	6.72	21.87	42.10	6.19	35.91	2.70	13.10

注：数据源于CHNS，作者根据数据整理而得。

进一步将谷物消费分为细粮和粗粮消费，研究发现：中西部地区居民粗粮消费比例大于东部地区。图7-1显示了细分后的食物变化，可知对于东部居民而言，以薯类为代表的粗粮消费随着年龄增加消费比例增加不大，在30%的范围波动，这是由于消费习惯所致。杂粮主要产区分布于东北地区、华北地区、西北地区、西南地区干旱半干旱区、高寒山区和少数民族聚集地区（沙敏等，2015），所以东部沿海地区居民消费较少。对于中西部地区居民而言，以薯类为代表的粗粮消费随着年龄增加消费比例增加，具体来看，18～59岁居民以薯类为代表的消费比例稳定在30%；进入老年阶段，60～69岁人群以薯类为代表粗粮消费比例增加，挤占了以米面为代表的细粮消费；70～79岁人群中粗粮消费比例继续增加，细粮消费比例继续下降，至80岁及以上人群以薯类为代表的粗粮消费比例近40%，细粮消费比例下降为近60%。

在人口老龄化进程中，东部地区肉类消费主要以白肉为主，而中西部地区依然以红肉消费为主。在第4章中发现，老龄化过程中居民的肉类消费结构发生变化，但不同居民肉类消费习惯存

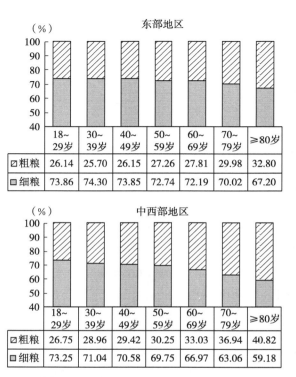

（％）	东部地区						
	18~ 29岁	30~ 39岁	40~ 49岁	50~ 59岁	60~ 69岁	70~ 79岁	≥80岁
▨粗粮	26.14	25.70	26.15	27.26	27.81	29.98	32.80
▨细粮	73.86	74.30	73.85	72.74	72.19	70.02	67.20

（％）	中西部地区						
	18~ 29岁	30~ 39岁	40~ 49岁	50~ 59岁	60~ 69岁	70~ 79岁	≥80岁
▨粗粮	26.75	28.96	29.42	30.25	33.03	36.94	40.82
▨细粮	73.25	71.04	70.58	69.75	66.97	63.06	59.18

图 7-1　东部和中西部地区不同年龄对谷物消费的结构变化

在差异（蒋乃华等，2002）。老龄化过程中东部和中西部肉类消费结构如何变化？图 7-1 显示对东部地区居民而言，18～49 岁人群的肉类消费结构差异不大，畜肉消费比例接近 60％，水产品和禽类消费比例近 40％，进入 50～59 岁的中年阶段后肉类消费出现水产品消费比例增加，畜肉消费比例降至 60％ 以下，60～69 岁、70～79 岁的东部地区居民水产品和禽肉消费比例继续增加，畜肉消费比例继续下降，80 岁及以上的东部地区居民水产品和禽肉消费比例进一步增加，畜肉消费比例降至 60％ 以下，至此，红肉和白肉消费比例分别接近 50％。从营养考虑，东部地区居民老龄化过程中肉类消费结构更加合理。

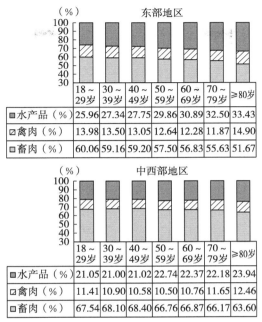

图7-2 东部和中西部地区不同年龄对肉类消费的结构变化

对中西部地区居民而言，18～49岁人群肉类消费结构同样差异不大，畜肉消费比例在68%范围波动，水产品和禽类消费比例合计为32%；居民进入50～59岁和60～69岁阶段，水产品消费比例增加，畜肉消费比例下降；70岁以后，水产品消费比例增加的同时，禽肉消费比例增加，畜肉消费比例进一步下降。从中西部地区居民肉类消费变化来看，由于消费习惯的影响，畜肉消费在肉类消费中所占的比重依然很大，始终在60%以上[1]。

---

① 不同地区谷物和肉类消费水平也侧面印证了消费结构的特点，详见附图Ⅵ，附图Ⅶ。

7.4　老龄化进程中食物消费的地区差距变化趋势

　　不同地区的老龄化程度及饮食习惯有差异，地区消费差异始终存在。中西部居民的谷物、蔬菜和肉类消费水平高于东部居民，禽类消费在青年阶段东部居民消费水平更高，中老年阶段（即 50 岁以后）中西部地区居民消费水平更高；而东部地区其他食物居民消费水平更高。未来老龄化程度进一步加深，区域间食物消费将如何变化？下文将基于年龄视角讨论各类食物在不同地区的消费变化。图 7-3 显示了控制其他变量后，不同地区各类食物消费变化随年龄变化趋势。

　　谷物和豆类消费方面，东部地区和中西部地区居民谷物和豆类两类食物的消费水平差别不大，且都随着年龄的增加消费水平下降，区域差异没有呈现大幅度增加或者缩小状况。

（1）谷物消费方面

　　从青年到老年的过程中，东部地区居民谷物消费由 18～29 岁的 417.94 克/天下降至 80 岁及以上的 278.64 克/天；中西部地区居民谷物消费由 18～29 岁的 461.60 克/天下降至 80 岁及以上的 306.66 克/天，中西部地区平均消费水平略高于东部地区。绝对差距从 18～29 岁的 43.71 克/天下降至 80 岁及以上的 28.02 克/天，但相对差距（地区消费比①）基本维持在 1，意味着东部地区和中西部地区相差不大。

（2）豆类消费方面

　　东部居民豆类消费由 18～29 岁的 56.32 克/天增加 60～69 岁的 61.47 克/天随后下降至 80 岁及以上 55.89 克/天；中西部地区居民豆类消费由 18～29 岁的 40.79 克/天增加至 80 岁及以上的 45.07 克/天，东部地区居民的平均豆类消费水平始终高于中西部地区；随着年龄的增加，东部地区居民和中西部地区居

---

　　①　地区消费比＝中西部地区消费/东部地区消费。

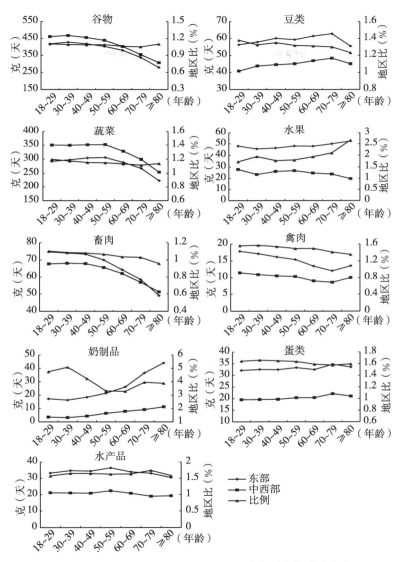

图 7-3　东部和中西部居民不同年龄分类别食物消费变化

民之间豆类消费的绝对差距有所缩小，18～29 岁人群两者的差距为 15.53 克/天；80 岁及以上人群两者之间的差距下降为 10.43 克/天；但相对差距维持在 1.2 左右。

（3）蔬菜消费方面

消费差距在一定范围内略有下降。东部地区居民蔬菜消费由 18～29 岁的 292.39 克/天下降至 80 岁及以上的 223.09 克/天；中西部地区居民蔬菜消费由 18～29 岁的 350.01 克/天下降至 80 岁及以上的 254.30 克/天。随着年龄的增加，东部地区平均居民消费水平低于中西部地区，东部地区每个年龄阶段平均增长速度为－3.8%，中西部地区为－4.5%。东部地区居民和中西部地区居民之间蔬菜消费的绝对差距略有缩小，18～29 岁人群两者的差距为 57.62 克/天；80 岁及以上人群消费差距下降为 31.32 克/天。但如果以东部居民的蔬菜消费量为 1，相对差距在 1.0～1.1 略有下降。

（4）畜肉消费方面

消费差距随年龄增加而减小。东部地区居民畜肉消费由 18～29 岁的 74.73 克/天下降至 80 岁及以上 49.02 克/天；中西部地区居民畜肉消费由 18～29 岁的 67.76 克/天下降至 80 岁及以上的 51.12 克/天。由于消费习惯的不同导致东部地区居民平均畜肉消费始终低于西部地区居民，东部地区居民畜肉平均增速为－5.8%，中西部地区平均增速为－4%。随着年龄的增加，东部地区居民和中西部地区居民之间畜肉消费的绝对差距有所减小，18～29 岁人群两者的差距为 6.97 克/天；80 岁及以上人群消费差距增加为 2.10 克/天，相对差距由 18～29 岁 1.10 下降至 80 岁及以上 0.95。

（5）禽肉消费方面

消费差距逐渐减小。东部地区居民禽肉消费由 18～29 岁的 17.86 克/天下降至 80 岁及以上的 13.56 克/天；中西部地区居民禽肉消费由 18～29 岁的 11.45 克/天下降至 80 岁及以上的

10.02 克/天。其间东部地区居民的平均禽肉消费水平高于中西部地区[①]，东部地区平均增长速度为－3.9%，中西部地区平均增长速度为－1.9%，由于东部地区消费畜肉平均增长速度大于中西部地区，进而相对消费差距从 18～29 岁的 1.56 下降至 80 岁及以上的 1.35。

（6）蛋类消费方面

消费差距在老年阶段稍有下降。东部地区居民的蛋类消费由 18～29 岁的 32.09 克/天增加至 80 岁及以上的 33.54 克/天；中西部地区居民的蛋类消费由 18～29 岁的 19.52 克/天增加至 80 岁及以上的 21.02 克/天。随着年龄的增加，东部地区平均增长速度为 0.63%，中西部地区平均增长速度为 1.06%。东部地区居民和中西部地区居民之间蛋类消费的绝对差距略有缩小，由 18～29 岁人群的地区差距为 12.57 克/天降至 80 岁及以上人群的 12.52 克/天；相对差距在 1.64～1.60，略有下降。

（7）水产品消费方面

消费差距变化不大。东部地区居民的水产品消费由 18～29 岁的 33.17 克/天减少至 80 岁及以上 30.42 克/天；中西部地区居民的水产品消费由 18～29 岁的 21.12 克/天减少至 80 岁及以上 19.24 克/天，东部地区平均增长速度为－1.2%，中西部地区平均增长速度为－1.3%。由于水产品消费东部地区和中西部地区增速差异不大，导致东部地区居民和中西部地区居民之间水产品消费的绝对差距基本在11～12 克/天波动，相对差距维持在 1.57 左右。

---

① 蒋乃华等（2002）对我国畜产品消费研究发现，南方地区的禽肉消费水平高于北方地区。

此处研究中，东部地区包含的省份对应于蒋乃华等（2002）的北方地区，中西部省份对应于南方地区。省份匹配后，在研究中体现为中西部地区禽肉的消费水平低于东部地区。

（8）水果消费方面

消费差距随年龄增加而明显扩大。东部地区居民的水果消费水平由 18～29 岁的 48.04 克/天增加至 80 岁及以上的 52.47 克/天；中西部地区居民的水果消费由 18～29 岁的 27.91 克/天减少至 80 岁及以上的 19.67 克/天，随着年龄的增加，东部地区平均增长速度为 1.27%，中西部地区平均增长速度为－4.9%。由于东部地区和中西部地区水果消费的增速相反，东部地区居民和中西部地区居民之间水果消费的绝对差距大幅度增加，由 18～29 岁人群的地区差距为 20.13 克/天降至 80 岁及以上人群的 32.83 克/天；相对差距由 18～29 岁的 1.72 增加至 80 岁及以上的 2.67。

（9）奶制品消费方面

消费差距在老年阶段有所扩大。东部地区居民的奶制品消费由 18～29 岁的 17.29 克/天增加至 80 岁及以上的 44.05 克/天；中西部地区居民的奶制品消费由 18～29 岁的 3.64 克/天增加至 80 岁及以上的 11.32 克/天。其间消费增长速度分为两个阶段，18～59 岁年龄段，东部地区奶制品消费的平均增长速度为 5.32%，中西部地区平均增长速度为 15.52%，由于中西部地区增长速度远大于东部地区，所以 18～59 岁群体奶制品消费的绝对消费差距迅速缩小，消费比也由 18～29 岁的 4.75 下降至 50～59 岁的 3.32；相反，进入老年阶段后（60 岁及以上），东部地区奶制品消费的平均增长速度为 7.75%，中西部地区平均增长速度为 5.13%，东部地区增长速度大于中西部地区，意味着在老年群体中奶制品的绝对消费差距所扩大，相应地，消费比由 60～69 岁 3.23 增加至 80 岁及以上的 3.89。

上述分析可知，人口老龄化过程中，地区消费比例在营养副食（水果和奶制品）消费中逐渐扩大，识别哪一类人群导致消费差异扩大将有利于政策的针对性。为此，结合第 5 章，分析城乡消费的变化情况，进一步考察水果和奶制品两类食物的城乡—地区消费变化特点。

图 7-4 进一步展示了不同地区各年龄段城乡居民对水果和奶制品这两类食物的消费情况。在水果消费方面，地区消费差异在城市和农村表现一致：东部地区居民的水果消费水平高于中西部地区，这表明水果的地区消费差异具有城乡普遍性。随着年龄增加，东部地区城市和中西部地区城市的消费差距始终存在；而东部地区农村和中西部地区农村的消费差距在老年阶段（60 岁以后）迅速扩大，主要是由于东部地区农村老人的水果消费增加，甚至超过了中西部城市老人的消费水平；而中西部老人水果消费却明显下降。奶制品消费与水果消费一样，地区消费差异在城市和农村表现一致，奶制品的地区消费差异具有城乡普遍性。随着年龄增加，东部地区城市和中西部城乡居民的奶制品消费变化趋势基本一致，仅在老年阶段表现为消费差距扩大，这主要是因为东部地区城乡老人奶制品消费增速普遍大于中西部地区。需要说明的是，虽然农村老年人的奶制品的平均消费水平低于城市，但在老年阶段，东部地区农村的消费水平甚至高于中西部城市老年人的消费水平；相反，中西部农村老人奶制品消费水平低且增幅较小。综合来看，中西部老年人未来在水果和奶制品上的消费值得引起更多重视。

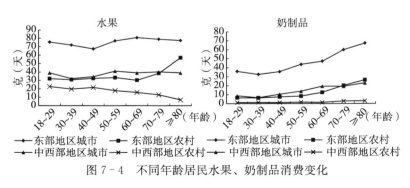

图 7-4 不同年龄居民水果、奶制品消费变化

综上所述，将上述食物归类为主食、基本生活副食和营养副食后，分析其随年龄变化的消费趋势。结果显示，在未来人口老龄化过程中，多数食物的地区消费差距并未扩大，水果和奶制品

这类营养副食由于中西部地区农村居民在老年阶段（尤其是高龄阶段）消费下降，地区消费差距有所扩大，这意味着中西部地区农村老人（尤其是高龄老人）值得关注。

7.5　本章小结

我国人口老龄化发展具有很强的地区差异性，在不同的地区（省份）老龄化的程度存在差异，这种老龄化程度的地区差异是否会导致在不同地区食物消费变化的差异？鉴于此，本章在第 4 章的基础上进一步讨论老龄化对不同地域食物消费的影响。将我国分为东部、中部和西部 3 个地区，同时考虑不同地域消费习惯的特点，将样本分为东部和中西部地区进行分别讨论。基于 CHNS 数据讨论年龄对各类食物消费的影响发现以下变化。

①食物消费水平变化。东部地区居民的谷物、蔬菜和畜肉消费伴随年龄的增长明显下降，其余食物的消费并没有显现出下降趋势；中西部地区居民仅有奶制品、豆制品和蛋类消费随着年龄的增加小幅度增加，其余食物消费更多表现为下降。老龄化进程中，相比东部地区居民，中西部地区居民在年老后食物消费更多地表现出下降的趋势。

②消费结构的变化。东部地区谷物消费比例随着年龄的增加而减少，动物食品消费比例随着年龄的增加而增加；中西部地区食物消费结构并没有呈现上述特点。具体来看，中西部地区以薯类为代表的杂粮消费比例随着年龄的增加而增加，而东部地区则不然。东部地区肉类消费结构随着年龄增加较为合理，红肉白肉比例各半。而中西部地区肉类消费仍然以红肉（畜肉）为主。

③进一步将食物分为主食、基本生活副食和营养副食后，东部地区居民的高层次营养性副食平均消费水平高于中西部居民，水果和奶制品两类营养副食的地区消费差距随着年龄增加而增

大，尤其在老年阶段更加明显，而在低层次的生活性副食消费
上，居民的地区消费差距不大。换言之，在老龄化过程中，东部
地区居民和中西部地区居民从生存性的谷物消费和低层次的副食
消费的地区差距并未扩大，甚至有所缩小，而在部分营养副食消
费中，消费差距有所扩大，其中中西部地区农村高龄老人的消费
值得关注。

第 8 章　结论与展望

　　人口结构的变化、老龄化程度的加深，对食物需求的影响逐渐增强。本项研究（本书）以食物消费变化为切入点，考察现阶段我国老龄化（年龄）在食物消费变化中的作用，并探究其中的影响机理。在基于现状分析的结果上，理论分析老龄化对食物消费的影响，之后结合我国人口老龄化在城乡、性别和地区之间的特点分别阐述老龄化对食物消费的影响并对比其影响差异，旨在基于老龄化背景下对未来食物需求变化做出较为全面的描述。最终对满足个体（尤其是老年人口）的食物需求提出相应的建议和思考，以应对老龄化对未来食物供给提出的挑战。

8.1　主要结论

　　人口老龄化是社会发展到一定阶段的产物，其实质是社会人口结构的老化，带来的结果之一是老年人口的增加。相较其他人群，老年人口身体机能下降，健康状况变差。普遍的观点认为，老年人的消费水平下降。从全社会总量角度看，老龄化程度的加深会减少食物消费。我们不否认上述观点，但仅仅停留在这种总体判断上是不够的，需要进一步分类细化明晰，因为总体判断往往会掩盖分类判断的异态。换言之，细分后的各类食物消费未必会一致地表现出随着年龄增加消费下降的趋势。为探讨人口老龄化对食物消费的影响，本项研究（本书）从我国人口老龄化的特点出发，探讨上述老龄化背景下食物消费如何变化。随后从理论和实证两个层面深入分析人口老龄化对食物消费的影响。

　　对老年人口和非老年人口食物消费特征的描述，旨在判断在人口结构老化的过程中，老年人口与非老年人口食物消费是否存在差异；虽然常识上认为随着老龄化程度加深，食物消费总量会减少，但并不等于细分后的各类食物消费的变化一致。

理论上，老龄化带来老年人口逐渐增加。较其他人群而言，老年人口身体机能和健康状况变差导致总体食物消费水平下降，但总体消费是各类消费"此消彼长"加总的结果，也就是说各类食物消费未必会一致表现出随着年龄增加消费水平下降的趋势。进一步结合我国老龄化过程中的特点（农村人口老龄化程度高于城市、高龄阶段女性比例高于男性、东部地区老龄化程度高于中西部地区）发现老龄化对食物消费的影响在不同年龄、地区、城乡和性别个体中存在差异。

理论分析的结果只能说明理论上存在的可能，现实情况有待检验。实证研究基于微观视角考虑，克服了采用国家和省级等宏观数据无法分离个体消费的不足，对不同群体的年龄进行细分，考虑群体内部消费的差异性，采用个体食物消费数据，细致分析不同年龄阶段各类食物消费的变化。

在此基础上，结合我国老龄化过程的特点（农村老龄化程度高于城市、高龄阶段女性比例高于男性、东部地区老龄化程度高于中西部地区）分别考察老龄化对食物消费的影响在不同年龄、地区、城乡和性别个体中的差异。

通过研究，利用微观 CHNS 数据进行相应的实证分析，主要结论如下。

笼统地认为老龄化减少食物消费的观念需求修正。细分各类食物的消费后发现，不同年龄、城乡、性别和地域的个体食物消费是不一样的，也是动态变化的。以往提及老年人，人们脑海中自然而然地涌现出"经济收入低下、思想观念陈旧、健康状况衰退、疾病缠身、需要他人和社会照顾"等标签，谈及老年人消费，"消费需求低下、消费行为节俭、消费观念保守"通常是大众对其的第一印象。普遍认为老龄化导致消费下降，食物消费亦不例外。研究发现，在老人的食物消费方面，谷物、蔬菜和畜禽肉类随年龄增加下降趋势明显；而豆类、水果、蛋类和水产品没有呈现明显随年龄增加消费下降的趋势；奶制品的消费则表现出明显随年龄增加消费大幅增加的情况；除人口老龄化因素外，收入水平、个体特征和经济环境等因素也将共同影响食物消费及其结构。

我国老龄化程度农村高于城市，农村居民的谷物消费始终高于城市居民；在（高层次）营养性副食消费上，城乡消费差距在老年阶段有所扩大；在基本生活副食消费上城乡消费差距并没有扩大。 考虑到我国老龄化的城乡差异和城乡居民的食物消费特点，将样本分为城市和农村分别讨论后发现：城市居民仅有谷物、蔬菜和畜禽肉类消费在随着年龄增加而显著下降，其余食物并没有呈现下降趋势，尤其是城市居民奶制品消费大幅度增加；与城市相比，农村居民不仅体现在谷物、蔬菜和畜禽肉类消费的下降，还体现在水产品及水果消费上，平均而言，农村的消费水平下降幅度大于城市。在食物消费结构变化方面，随着年龄的增加，城市居民谷物消费比例减少而动物食品消费比例增加；这与国际上提出的食物消费结构演变路径一致，而农村消费结构并未呈现上述变化。从未来城乡食物消费变化趋势看，农村居民的粮食消费是城市居民的 1.2 倍左右；而在高层次营养性副食消费上，城市居民的平均消费水平是农村居民的 2～4 倍，城乡消费差距在老年阶段逐渐增加，而在基本生活副食消费上，城乡消费差距并没有扩大。

我国女性老龄化速度快于男性，未来男性和女性消费变化趋势相同，性别消费差距仅在个别营养副食消费上有所增加。 考虑到我国老龄化程度的性别差异和不同性别食物的消费特点，将样本分为男性和女性分别讨论后发现：无论男性还是女性，仅有谷物、蔬菜和肉类消费随着年龄增加而显著下降，其余食物并没有表现出下降趋势，奶制品消费增幅尤其明显。但需要说明的是，研究发现高龄女性和农村高龄老人的食物消费水平有所下降，这是经济社会转型时期社会保障相关体系有所缺位、发展不平衡的一种体现。食物消费结构的变化，随着年龄增加，男性和女性消费结构都呈现出谷物消费比例减少而动物食品消费比例增加的趋势。从未来变化趋势看，在老龄化过程中，男性和女性消费变化的趋势相同，整体消费差距变动不大，个别营养副食消费差距有所增加。

我国东部地区老龄化程度大于中西部地区，东部地区居民和中西部地区居民谷物消费和基本生活副食消费的地区差距并未扩大甚至有所缩小，而部分营养副食消费的差距有所扩大。考虑到不同地区老龄化程度和不同地域消费习惯的特点，将样本分别讨论后发现：相比东部地区居民，中西部地区居民在年老后食物消费更多表现出消费下降的趋势。东部地区居民的谷物、蔬菜和畜肉消费随年龄明显下降，其余食物的消费并没有显现出下降趋势；中西部地区居民的食物消费仅有奶制品、豆制品和蛋类消费随年龄增加消费小幅度增加，其余食物消费更多表现为消费下降。从消费结构来看，东部地区谷物消费比例随着年龄的增加而减少，动物食品消费比例随着年龄的增加而增加；中部地区食物消费结构并没有呈现上述特点。从未来不同地区的食物消费变化趋势看，东部地区居民的高层次营养副食平均消费水平高于中西部地区居民，同时，地区消费差距随着年龄的增加而增大，且在老年阶段更加明显；而在低层次的生活性副食消费上居民的地区消费差距不大。

8.2　政策建议

根据上述的研究结论，本项研究提出建议如下。

宏观层面：

第一，对未来食物需求的推断，仅立足于总量是不够的，还需密切关注人口结构老化与各类食物消费结构的关系。在人口老龄化过程中，不同食物的消费变化不同。如果笼统地认为老龄化减少食物消费，从而相关食品行业就会减少供给，这将可能导致产业层面的供求失衡，甚至可能对农业生产领域造成负面影响。与此同时，对一些食品的需求（比如奶制品）随着老龄化而增加。如果产业政策对这些食品行业缺乏关注，未来这类食物的供给将会出现供不应求的情况，可能导致消费价格上涨，有损社会福利。

第二，我国老龄化将从需求层面上对未来（食品）行业带来影响，有必要根据居民（尤其是老年人）的食物结构特点制定（食品）产业政策，从而指导农业生产。本项研究在对老龄化过程中居民各类食物消费变化的分析中，发现在老龄化过程中，居民对畜牧业（禽蛋类）、渔业、水果等园艺业产品需求持续增长，而对传统谷物需求逐渐减少，因而，未来积极发展畜牧业、园艺业将成为现阶段我国农业发展的必然选择。

微观层面：

第三，城乡、性别和地区间老龄化程度不同，因此对不同老人食物消费政策不能一刀切。农村老龄化程度高于城市的现象还将在相当一段时间内存在，需要重视城乡食物消费差距在营养副食上的扩大。考虑我国"城乡二元经济"，在未来城乡发展过程中，社会保障（医疗和养老制度方面）方面应更加向农村倾斜，提高农村农民收入，缩小城乡的收入差距。通过提高农村老人社会保障水平和收入水平来保证食物消费。

人口老龄化过程中（尤其是高龄阶段），女性比例逐渐增加，需要更多关注高龄女性。相比男性，大量的女性老人未能得到必要的经济补助和支持（孙鹃娟等，2013），因此政府需设计相关政策来支持老人，而女性老人则应是该政策干预的重中之重。

我国不同地区的人口老龄化程度差异较大，老龄化对食物消费的负向影响更多表现在中西部地区（尤其是西部地区）。对中西部地区的老人而言，在老龄化过程中更多表现为食物消费下降。综合考虑中西部地区经济发展和老人自身情况，在继续改善居民的养老制度、医疗制度的同时，需要特别提高中西部地区老年人的社会保障。逐渐提高中西部地区的社会保障水平，将会有利于提高老年人的食物消费。

综上所述，在未来人口老龄化进程中，需更多关注农村、女性和中西部地区老年人食物消费的变化。换言之，农村地区、女性和中西部地区老年人的食物消费水平更容易受到影响，尤其是农村女性和中西部地区的农村居民。所以，相关政策需有针对性地对农村地区、中西部地区和女性老年人尤其是高龄老年人给予关注。

第四，除去人口因素对食物消费水平的影响，传统经济因素收入也将会影响老年人的食物消费及其结构。所以，政府须综合考虑各方面影响，通过经济手段缓解人口结构老化对食品行业的影响，通过相关制度的建立来保证食品行业的健康发展。不仅如此，还需要保障老年人的收入，健全社会养老体制，保障老年人的福利。

8.3　研究的局限性

本项研究过程中存在一些局限性，主要表现在以下几个方面。

①研究聚焦食物消费层面，并没有过多讨论营养摄入的变化。老龄化过程中各类食物消费变化最终会影响各类营养物质（比如能量、碳水化合物、脂肪、蛋白质）的变化，进而影响老年人的营养健康，而老年人口的健康问题与未来社会医疗支出和养老体系等相关问题息息相关。人口老龄化过程中，老年群体营养健康变化需要继续分析研究。

②关于老龄化背景下未来食物需求的变化问题，本项研究结合老龄化特点，分析了未来个体食物消费的变化趋势，但并没有给出未来人口结构变化将对各类食物消费总量影响的可能区间。这个问题也有待后续量化研究。

8.4　进一步展望

　　研究展望将围绕两方面展开。一方面，未来将对本项研究中存在的不足进一步展开深入研究；第二是对本项研究没有涉及但现实中较为重要的问题展开研究。具体涉及以下几点。

　　①研究虽细致分析了在老龄化过程中各类食物的消费变化，但各类食物消费变化是否引起营养物质摄入变化。未来将在此基础上分析老龄化过程中各类宏观营养当量如何变化，以及这种变化对老年群体的健康是否存在影响。

　　②研究细致分析了老龄化对人均食品消费的影响，并证实该影响在城乡、性别和地区之间存在差异。后继将基于人口学相关知识，预测未来我国人口结构的变化，从而判断人口结构变化对社会各类食物消费需求的影响。不能忽视的是：随着人口结构的变化，城乡之间人口总量变化（城乡人口比）也会对未来食物需求产生影响。

　　③一个不能忽视的事实是，"老龄化带来了我国家庭结构小型化"。未来将基于不同家庭结构，讨论不同家庭结构中老年人食物消费的差异。

参 考 文 献

白军飞，闵师，仇焕广，等，2014. 人口老龄化对我国肉类消费的影响
　　[J]. 中国软科学 (11)：17－26.

白重恩，李宏彬，吴斌珍，2012. 医疗保险与消费：来自新型农村合作医
　　疗的证据 [J]. 经济研究 (2)：41－53.

白重恩，吴斌珍，金烨，2012. 中国养老保险缴费对消费和储蓄的影响 [J].
　　中国社会科学 (8)：48－71，204.

包玉香，李子君，2012. 人口老龄化对山东省消费的影响研究 [J]. 消费
　　经济 (1)：37－40.

蔡伟贤，朱峰，2015. "新农合" 对农村居民耐用品消费的影响 [J]. 数
　　量经济技术经济研究 (5)：72－87.

曹志宏，陈志超，郝晋珉，2012. 中国城乡居民食品消费变化趋势分析
　　[J]. 长江流域资源与环境 (10)：1173－1178.

陈桓，2002. 东亚地区人口老龄化特征分析 [J]. 南方人口 (1)：42－46.

陈家儒，林德洪，2011. 健康教育对高血压人群膳食及血脂的影响 [J].
　　现代预防医学 (18)：3716－3718.

陈永福，2005. 中国粮食供求预测与对策探讨 [J]. 农业经济问题，(4)：
　　8－13，79.

程广燕，刘珊珊，杨祯妮，等，2015. 中国肉类消费特征及 2020 年预测分
　　析 [J]. 中国农村经济 (2)：76－82.

程立超，2009. 食品消费的代际差异：基于中国健康与营养调查的实证研
　　究 [J]. 南方经济 (7)：26－35.

程令国，张晔，2011. 早年的饥荒经历影响了人们的储蓄行为吗？——对
　　我国居民高储蓄率的一个新解释 [J]. 经济研究 (8)：119－132.

程令国，张晔，2012. "新农合"：经济绩效还是健康绩效？[J]. 经济研
　　究 (1)：120－133.

程令国，张晔，刘志彪，2013. "新农保" 改变了中国农村居民的养老模式吗？[J]. 经济研究（8）：42 - 54.

程令国，张晔，沈可，2015. 教育如何影响了人们的健康？——来自中国老年人的证据 [J]. 经济学（季刊）（1）：305 - 330.

崔朝辉，周琴，胡小琪，等，2008. 中国居民蔬菜、水果消费现状分析 [J]. 中国食物与营养（5）：34 - 37.

丁志宏，2013，中国老年人经济生活来源变化：2005—2010 [J]. 人口学刊（1）：69 - 77.

杜本峰，王旋，2013. 老年人健康不平等的演化、区域差异与影响因素分析 [J]. 人口研究（5）：81 - 90.

杜鹏，2003. 中国老年人主要生活来源的现状与变化 [J]. 人口研究（6）：37 - 43.

杜鹏，2013. 中国老年人口健康状况分析 [J]. 人口与经济（6）：3 - 9.

杜鹏，王武林，2010. 论人口老龄化程度城乡差异的转变 [J]. 人口研究（2）：3 - 10.

杜鹏，武超，2006. 1994—2004 年中国老年人主要生活来源的变化 [J]. 人口研究（2）：20 - 24.

杜鹏，谢立黎，2014. 中国老年人主要生活来源的队列分析 [J]. 人口与经济（6）：3 - 11.

杜鹏，杨慧，2009. 中国和亚洲各国人口老龄化比较 [J]. 人口与发展（2）：75 - 80.

杜鹏，翟振武，陈卫，2005. 中国人口老龄化百年发展趋势 [J]. 人口研究（6）：92 - 95.

方福前，俞剑，2014. 居民消费理论的演进与经验事实 [J]. 经济学动态（3）：11 - 34.

付萍，张坚，王春荣，等，2008. 不同经济类别地区老年人群膳食结构与营养相关疾病特征 [J]. 老年医学与保健（2）：100 - 102，116.

傅崇辉，张玲华，李玉柱，2013. 从第六次人口普查看中国人口生育变化的新特点 [J]. 统计研究（1）：68 - 75.

甘犁，刘国恩，马双，2010. 基本医疗保险对促进家庭消费的影响 [J]. 经济研究（S1）：30 - 38.

顾大男，2003. 婚姻对中国高龄老人健康长寿影响的性别差异分析 [J].

中国人口科学（3）：36-44.

顾大男，2003. 中国高龄老人最健康和最不健康群体特征分析：兼论中国高龄老人健康影响因素 [J]. 市场与人口分析，（1）：1-10.

顾大男，2005. 老年人健康变动趋势和预测方法国际研究动态 [J]. 中国人口科学（3）：81-86，96.

郭志刚，2013. 中国人口生育水平低在何处：基于六普数据的分析 [J]. 中国人口科学（2）：2-10，126.

国凯，段亚波，周成超，等，2013. 山东省长寿与非长寿地区60岁以上老人膳食模式和营养结构分析 [J]. 中国卫生事业管理（12）：952-955.

何兴强，史卫，2014. 健康风险与城镇居民家庭消费 [J]. 经济研究（5）：34-48.

何宇纳，翟凤英，王志宏，等，2005. 中国居民膳食能量、蛋白质、脂肪的来源构成及变化 [J]. 营养学报（5）：12-15，19.

贺晓丽，2001. 我国城乡居民食品消费差异现状分析 [J]. 农业经济问题（5）：30-34.

胡鞍钢，刘生龙，马振国，2012. 人口老龄化、人口增长与经济增长：来自中国省际面板数据的实证证据 [J]. 人口研究（3）：14-26.

胡求光，王艳芬，2009. 我国水产品的消费特征及其影响因素分析 [J]. 农业经济问题（4）：97-102.

胡日东，钱明辉，郑永冰，2014. 中国城乡收入差距对城乡居民消费结构的影响：基于 LA/AIDS 拓展模型的实证分析 [J]. 财经研究（5）：75-87.

贾男，张亮亮，甘犁，2012. 不确定性下农村家庭食品消费的"习惯形成"检验 [J]. 经济学（季刊）（1）：327-348.

贾云竹，2001. 北京市老年人的经济状况 [J]. 人口与经济（3）：75-79.

姜向群，魏蒙，2015. 我国现阶段社会养老保险的发展状况和问题及政策分析 [J]. 西北人口，36（2）：77-81，86.

蒋乃华，辛贤，尹坚，2002. 我国城乡居民畜产品消费的影响因素分析 [J]. 中国农村经济（12）：48-54.

乐昕，2015. 我国老年消费数量的人群差异研究：以2011年 CHARLS 全国基线调查数据为例 [J]. 人口学刊（5）：104-112.

黎东升，查金祥，2003. 农村居民食物消费的基本特征分析 [J]. 农村经济（10）：50－52.

李春琦，张杰平，2009. 中国人口结构变动对农村居民消费的影响研究 ［J］.
    中国人口科学（4）：14－22，111.

李宏彬，施新政，吴斌珍，2015. 中国居民退休前后的消费行为研究 ［J］.
    经济学（季刊）（1）：117－134.

李辉尚，许世卫，孔繁涛，等，2015. 中国城镇居民食物消费变迁特征分
    析 ［J］. 中国食物与营养（5）：40－45.

李通屏，李建民，2006. 中国人口转变与消费制度变迁 ［J］. 人口与经济
    （1）：1－6.

李文星，徐长生，艾春荣，2008. 中国人口年龄结构和居民消费：1989—
    2004 ［J］. 经济研究（7）：118－129.

李玉勤，张蕙杰，2013. 消费者杂粮消费意愿及影响因素分析：以武汉市
    消费者为例 ［J］. 农业技术经济（7）：100－109.

李哲敏，2007. 近 50 年中国居民食物消费与营养发展的变化特点 ［J］. 资
    源科学（1）：27－35.

李哲敏，2008. 中国城乡居民食物消费与营养发展的趋势预测分析 ［J］.
    农业技术经济（6）：57－62.

李珍，赵青，2015. 我国城镇养老保险制度挤进了居民消费吗?：基于城镇的
    时间序列和面板数据分析 ［J］. 公共管理学报，12（4）：102－110，158.

梁凡，陆迁，同海梅，等，2013. 我国城镇居民食品消费结构变化的动态
    分析 ［J］. 消费经济（3）：22－26.

梁书民，孙庆珍，2006. 中国食物消费与供给中长期预测 ［J］. 中国食物
    与营养（2）：37－40.

廖标，郭时印，2015. 基于不同养老模式的长沙市老年人膳食结构比较
    ［J］. 中国老年学杂志（9）：2518－2520.

林琳，马飞，2007. 广州市人口老龄化的空间分布及趋势 ［J］. 地理研究
    （5）：1043－1054.

蔺威鸣，王国秀，袁超，等，2008. 肥胖与消瘦人群饮食规律、生活习惯
    调查 ［J］. 疾病控制杂志（1）：14－16.

刘国恩，蔡春光，李林，2011. 中国老人医疗保障与医疗服务需求的实证
    分析 ［J］. 经济研究（3）：95－107，118.

刘爽，1997. 对中国区域人口老龄化过程的思考 ［J］. 人口学刊

（3）：33－40.

刘秀梅，秦富，2005. 我国城乡居民动物性食物消费研究 ［J］. 农业技术经济（3）：25－30.

刘子兰，陈梦真，2010. 养老保险与居民消费关系研究进展 ［J］. 经济学动态（1）：102－105.

柳玉芝，2001. 关注中国高龄老人中的性别问题——中国高龄老人健康长寿影响因素研究项目简介 ［J］. 妇女研究论丛（4）：47－51.

罗淳，2001. 对"人口老龄化"之说的几点质疑 ［J］. 人口研究（6）：16－21.

骆为祥，李建新，2011. 老年人生活满意度年龄差异研究 ［J］. 人口研究，35（6）：51－61.

马冠生，崔朝辉，胡小琪，等，2006. 中国居民食物消费和就餐行为分析 ［J］. 中国食物与营养（12）：4－8.

马冠生，崔朝辉，周琴，等，2007. 中国居民奶及奶制品消费现状分析 ［J］. 中国食物与营养（11）：36－39.

马冠生，崔朝辉，周琴，等，2008. 中国居民豆类及豆制品的消费现状 ［J］. 中国食物与营养（1）：40－43.

马冠生，胡小琪，栾德春，等，2005. 中国居民的就餐行为 ［J］. 营养学报（4）：272－275.

马双，臧文斌，甘犁，2011. 新型农村合作医疗保险对农村居民食物消费的影响分析 ［J］. 经济学（季刊）（1）：249－270.

马晓河，1997. 我国中长期粮食供求状况分析及对策思路 ［J］. 中国农村经济（3）：11－18.

毛学峰，刘靖，朱信凯，2014. 国际食物消费启示与中国食物缺口分析：基于历史数据 ［J］. 经济理论与经济管理（8）：103－112.

毛中根，孙武福，洪涛，2013. 中国人口年龄结构与居民消费关系的比较分析 ［J］. 人口研究（3）：82－92.

茅锐，徐建炜，2014. 人口转型、消费结构差异和产业发展 ［J］. 人口研究（3）：89－103.

孟繁盈，许月卿，张立金，2010. 中国城乡居民食物消费演变及政策启示 ［J］. 资源科学32（7）：1333－1341.

米红，任正委，2014. 家庭户电力消费的年龄性别模式与节电减排的政策

选择 [J]. 人口研究 (4)：37-49.

闵师，白军飞，仇焕广，等，2014. 城市家庭在外肉类消费研究——基于全国六城市的家庭饮食消费调查 [J]. 农业经济问题 (3)：90-95，112.

穆光宗，王志成，颜廷健，等，2005. 中国老年人口的受教育水平 [J]. 市场与人口分析 (3)：60-67.

沙敏，武拉平，2015. 杂粮研究现状与趋势 [J]. 农业展望 (2)：53-56，60.

沈毅，穆怀中，2013. 新型农村社会养老保险对农村居民消费的乘数效应研究 [J]. 经济学家 (4)：32-36.

宋爽，徐慧兰，肖水源，等，2012. 糖尿病家族史、饮食及肥胖与糖尿病交互作用 [J]. 中国公共卫生 (2)：159-160.

孙鹃娟，张航空，2013. 中国老年人照顾孙子女的状况及影响因素分析 [J]. 人口与经济 (4)：70-77.

陶涛，张现苓，2013. 六普人口数据的漏报与重报 [J]. 人口研究 (1)：42-53.

涂玉华，2012. 农村社会保障支出对促进农民消费需求的影响研究 [J]. 经济经纬 (4)：36-40.

王冰，1993. 人口老龄化对法制的影响 [J]. 人口学刊 (3)：41-43.

王德文，夏静文，李延凯，2013. 空巢老人健康及照料性别差异之启示 [J]. 中共福建省委党校学报 (1)：80-86.

王德章，王甲樑，2010. 新形势下我国食品消费结构升级研究 [J]. 农业经济问题 (6)：75-79，112.

王恩胡，李录堂，2007. 中国食品消费结构的演进与农业发展战略 [J]. 中国农村观察 (2)：14-25.

王金营，付秀彬，2006. 考虑人口年龄结构变动的中国消费函数计量分析——兼论中国人口老龄化对消费的影响 [J]. 人口研究 (1)：29-36.

王宇鹏，2011. 人口老龄化对中国城镇居民消费行为的影响研究 [J]. 中国人口科学 (1)：64-73，112.

王跃生，2014. 中国城乡老年人居住的家庭类型研究——基于第六次人口普查数据的分析 [J]. 中国人口科学 (1)：20-32，126.

王志宝，孙铁山，李国平，2013. 近 20 年来中国人口老龄化的区域差异及其演化 [J]. 人口研究 (1)：66-77.

邬沧萍，谢楠，2011. 关于中国人口老龄化的理论思考［J］. 北京社会科学（1）：4 – 8.

吴迪，霍学喜，2010. 城乡居民消费差距和收入差距互动关系的实证研究——来自 VEC 模型的验证［J］. 农业技术经济（8）：101 – 106.

吴海江，何凌霄，张忠根，2014. 中国人口年龄结构对城乡居民消费差距的影响［J］. 数量经济技术经济研究，31（2）：3 – 19，35.

吴庆跃，杜念宇，臧文斌，2016. 商业健康保险对家庭消费的影响［J］. 中国经济问题（3）：68 – 79.

向晶，钟甫宁，2013. 人口结构变动对未来粮食需求的影响：2010—2050. 中国人口［J］. 资源与环境（6）：117 – 121.

徐达，2012. 人口老龄化对经济影响的模型与实证［J］. 财经科学（4）：100 – 107.

徐勤，顾大男，2001. 中国城乡高龄老人健康及死亡状况特征的比较研究［J］. 中国人口科学（S1）：17 – 21.

许月卿，吴艳芳，张衍毓，等，2011. 从食物消费需求角度谈中国土地利用战略［J］. 中国土地科学（6）：24 – 29，97.

杨汝岱，陈斌开，2009. 高等教育改革、预防性储蓄与居民消费行为［J］. 经济研究（8）：113 – 124.

杨雪，侯力，2011. 我国人口老龄化对经济社会的宏观和微观影响研究［J］. 人口学刊（4）：46 – 53.

杨宜勇，杨亚哲，2011. 从人口结构变化看我国城市居家养老服务体系的发展［J］. 经济研究参考（58）：19 – 29.

姚静，李爽，2000. 中国人口老龄化的特点、成因及对策分析［J］. 人文地理（5）：24 – 29.

荫士安，葛可佑，1993. 膳食调查方法及其评价［J］. 国外医学（卫生学分册）（4）：219 – 223.

余央央，2012. 中国人口老龄化对医疗卫生支出的影响［D］. 上海：复旦大学.

余永定，李军，2000. 中国居民消费函数的理论与验证［J］. 中国社会科学（1）：123 – 133，207.

袁志刚，宋铮，2000. 人口年龄结构、养老保险制度与最优储蓄率［J］. 经济研究（11）：24 – 32，79.

臧文斌，刘国恩，徐菲，等，2012. 中国城镇居民基本医疗保险对家庭消费的影响 [J]. 经济研究 (7)：75-85.

曾毅，柳玉芝，萧振禹，等，2004. 中国高龄老人的社会经济与健康状况 [J]. 中国人口科学 (S1)：6-15，176.

张川川，John Giles，赵耀辉，2015. 新型农村社会养老保险政策效果评估——收入、贫困、消费、主观福利和劳动供给 [J]. 经济学（季刊），14 (1)：203-230.

张坚，王春荣，高俊全，等，2004. 我国居民膳食脂类摄入量的研究 [J]. 营养学报 (3)：167-171.

张小飞，蔡乐，赵科颖，等，2014. 云南省不同少数民族居民饮食习惯及肥胖比较分析 [J]. 中国公共卫生 (9)：1120-1123.

赵进文，邢天才，熊磊，2010. 我国保险消费的经济增长效应 [J]. 经济研究 (S1)：39-50.

赵丽云，房玥晖，何宇纳，等，2016.1992—2012 年中国城乡居民食物消费变化趋势 [J]. 卫生研究 (4)：522-526.

赵儒煜，刘畅，张锋，2012. 中国人口老龄化区域溢出与分布差异的空间计量经济学研究 [J]. 人口研究 (2)：71-81.

郑伟，林山君，陈凯，2014. 中国人口老龄化的特征趋势及对经济增长的潜在影响 [J]. 数量经济技术经济研究 (8)：3-20，38.

郑志浩，高颖，赵殷钰，2016. 收入增长对城镇居民食物消费模式的影响 [J]. 经济学（季刊）(1)：263-288.

钟甫宁，向晶，2012. 城镇化对粮食需求的影响——基于热量消费视角的分析 [J]. 农业技术经济 (1)：4-10.

周建芳，2015. 丧偶对农村老年人口的健康影响研究 [J]. 人口与发展 (4)：82-91.

周津春，2006. 农村居民食物消费的 AIDS 模型研究 [J]. 中国农村观察 (6)：17-22.

朱高林，2006. 我国城乡居民食品消费差距分析 [J]. 华南农业大学学报（社会科学版）(4)：55-60.

朱勤，2014. 城镇化对中国城乡人口老龄化影响的量化分析 [J]. 中国人口科学，(5)：24-35，126.

朱勤，魏涛远，2015. 中国城乡居民年龄别消费模式量化与分析 [J]. 人口研究（3）：3 - 17.

朱希刚，2004. 中国粮食供需平衡分析［J］. 农业经济问题（12）：12 - 19.

邹红，喻开志，2015. 退休与城镇家庭消费：基于断点回归设计的经验证据［J］. 经济研究（1）：124 - 139.

邹红，喻开志，李奥蕾. 2013. 养老保险和医疗保险对城镇家庭消费的影响研究［J］. 统计研究（11）：60 - 67.

Aguiar M. , Hurst E. , 2005. Consumption versus Expenditure ［J］. Journal of Political Economy，113（5），919 - 948.

Banks J. , Blundell R. , Tanner S. , 1998. Is there a retirement-savings puzzle? ［J］. The American Economic Review，88（4），769 - 788.

Becker G. S. , 1965. A theory of the allocation of time ［J］. The Economic Journal，75（299）.

Bernheim B. D. , Skinner J. S. , Weinberg S. , 1997. What Accounts for the Variation in Retirement Wealth Among U. S. Households ［J］. The American Economic Review，91（4），832 - 857.

Bloom D. E. , Canning D. , Sevilla J. , et al. , 2001. Economic Growth and the Demographic Transition ［J］. National Bureau of Economic Research.

Bloom D. E. , Canning D. , Sevilla J. , et al. , 2001. Economic Growth and the Demographic Transition ［J］. National Bureau of Economic Research.

Brian Gould and Hector Villarreal，2002. Adult equivalence scales and food expenditures：an application to Mexican beef and pork purchases ［J］. Applied Economics，34，（9），1075 - 1088.

Campbell J. Y. , 2006. Household Finance ［J］. Journal of Finance，61，1553 - 1604.

Deaton A. , Paxson C. , 1998. Economies of Scale, Household Size, and the Demand for Food ［J］. Journal of Political Economy，106（5），897 - 930.

Deaton A. , 1992. Household Saving in LDCs：Credit Markets，Insurance and Welfare ［J］. The Scandinavian Journal of Economics，94（2）.

Donkin A. J. , Johnson A. E. , Lilley J. M. , Morgan K. , Neale R. J. , Page R. M. , Silburn R. 1998. Gender and Living Alone as Determinants of Fruit and Vegetable Consumption among the Elderly Living at Home in

Urban Nottingham [J]. Appetite, 30 (1), 39 - 51.

Du W., Zhang B., Wang H., Wang Z., Su C., Zhang J., Jiang H., 2016. Gender difference in the association between food away-from-home consumption and body weight outcomes among Chinese adults [J]. Public Health Nutrition, 19 (16), 2984 - 2990.

Erlandsen S., Nymoen R., 2008. Consumption and population age structure [J]. Journal of Population Economics, 21 (3): 505 - 520.

Fagerli R. A., Wandel M, 1999. Gender differences in opinions and practices with regard to a healthy diet [J]. Appetite, 32 (2), 171 - 190.

Faig M., Shum P., 2002. Portfolio Choice in the Presence of Personal Illiquid Projects [J]. Journal of Finance, 57 (1), 303 - 328.

Friedman M., 1957, "The Permanent Income Hypothesis" [J]. Chapter in NBER book A theory of the Consumption Function: 20 - 37.

Fries J. F., 2009. Aging, natural death, and the compression of morbidity [J]. The New England Journal of Medicine, 303 (3), 130 - 135.

Gan L., Vernon V., 2015. Testing the Barten Model of Economies of Scale in Household Consumption: Toward Resolving a Paradox of Deaton and Paxson [J]. Journal of Political Economy, 111 (6), 1361 - 1377.

Gerdtham U., Johannesson M., Lundberg L., Isacson D., 1999. A note on validating Wagstaff and van Doorslaer's health measure in the analysis of inequalities in health [J]. Journal of Health Economics, 18 (1), 117 - 124.

Glenn N. D., 2003. Distinguishing age, period, and cohort effects. In J. T. Mortimer, & M. J. Shanahan (Eds.), Handbook of the Life Course (pp. 465 - 476). New York, NY: Kluwer Academic.

Goldman D. P., Smith J. P., 2002. Can patient self-management help explain the SES health gradient? [J]. Proceedings of the National Academy of Sciences of the United States of America, 99 (16), 10929 - 10934.

Gould B., H. Villarreal, 2002. Adult Equivalence Scale and Food Expenditures: An Application to Mexican Beef and Pork Purchase [J]. Applied Economics, 34, 1075 - 1088.

Grossman M., 2000. The human capital model [J]. Handbook of Health Economics, 347 - 408.

Gruenberg E. M. , 2005. The Failures of Success [J] . Milbank Quarterly, 83 (4), 779 - 800.

Guo X. G. , Popkin B. M. , Zhai F. , 1999. Patterns of Change in Food Consumption and Dietary Fat Intake in Chinese Adults, 1989—1993 [J]. Food and Nutrition Bulletin, 20 (3), 344 - 353.

Hamermesh D. S. , 1982. Consumption During Retirement: The Missing Link in the Life Cycle [J] . The Review of Economics and Statistics, 66 (1), 1 - 7.

Heathcote J. , Storesletten K. , Violante G. L. , 2004. Two views of inequality over the life-cycle [J] . CEPR working paper no. 4728.

Heiman A. , Lowengart O. , 2014. Calorie information effects on consumers' food choices: Sources of observed gender heterogeneity [J] . Journal of Business Research, 67 (5), 964 - 973.

Holford T. R. , 2003. UNDERSTANDING THE EFFECTS OF AGE, PERIOD, AND COHORT ON INCIDENCE AND MORTALITY RATES [J]. Annual Review of Public Health, 12 (1), 425 - 457.

Holford T. R. , 1983. The estimation of age, period and cohort effects for vital rates [J] . Biometrics, 39 (2), 311 - 324.

Horioka C. Y. , Wan J. , 2006. The Determinants of Household Saving in China: A Dynamic Panel Analysis of Provincial Data [J] . Journal of Money, Credit and Banking, 39 (8), 2077 - 2096.

Horioka C. Y. , Wan, J. , 2006. The Determinants of Household Saving in China: A Dynamic Panel Analysis of Provincial Data [J] . Journal of Money, Credit and Banking, 39 (8), 2077 - 2096.

Hu Y. , Goldman N. , 1990. Mortality Differentials by Marital Status: An International Comparison [J] . Demography, 27 (2), 233 - 250.

Hurd M. D. , Shoven J. B. , 1982. The economic status of the elderly [J]. Science, 244 (4905), 659 - 664.

Hurd, Michael and Susann Rohwedder, "The Retirement Consumption Puzzle Anticipated and Actual Declines in Retirement Spending", NBER Working Paper 2003, No 9586.

Joung I. M. , De Mheen H. V. , Stronks K. , Van Poppel F. , Mackenbach J. P. , 1994. Differences in Self-Reported Morbidity by Marital Status and by Living Arrangement [J]. International Journal of Epidemiology, 23 (1), 91 – 97.

Juhn C. , Murphy K. M. , Pierce B. , 1993. Wage Inequality and the Rise in Returns to Skill [J]. Journal of Political Economy, 101 (3), 410 – 442.

K O. J. , Holm L. , 1999. Preferences, quantities and concerns: socio-cultural perspectives on the gendered consumption of foods [J]. European Journal of Clinical Nutrition, 53 (5), 351 – 359.

Keyes K. M. , Utz, R. L. , Robinson W. R. , Li G. , 2010. What is a cohort effect? Comparison of three statistical methods for modeling cohort effects in obesity prevalence in the United States, 1971—2006 [J]. Social Science & Medicine, 70 (7), 1100 – 1108.

Longman. Mirer T. W. , 2016. The Wealth-Age Relation among the Aged [J]. The American Economic Review, 69 (3).

Mankiw N. G. , Weil D. N. , 1989. The Baby Boom, the Baby Bust, and the Housing Market [J]. Regional Science and Urban Economics, 19 (2), 235 – 258.

Meenakshi J. V. , Ray R. , 2002. Impact of Household Size and Family Composition on Poverty in Rural India [J]. Journal of Policy Modeling, 24 (6), 539 – 559.

Mellor J. , 1983. Food prospects for developing counties [J]. American Economic Review, 73 (2), 239 – 243.

Michael F. W. , 1987. An Economic and Social History of Britain Since 1700 [J]. An economic and social history of Britain, 1760 – 1970.

Modigliani F. , 1986. Life Cycle, Individual Thrift, and the Wealth of Nations [J]. The American Economic Review, 76 (3), 297 – 313.

Orand A. M. , 1996. The Precious and the Precocious: Understanding Cumulative Disadvantage and Cumulative Advantage Over the Life Course [J]. Gerontologist, 36 (2), 230 – 238.

Prattala R. , Paalanen L. , Grinberga D. , Helasoja V. , Kasmel A. , Petkeviciene, J, 2006. Gender differences in the consumption of meat, fruit and vegetables are similar in Finland and the Baltic countries [J]. European Journal of Public Health, 17 (5), 520 - 525.

Ram R. , 1982. Dependency Rates and Aggregate Savings: A New International Cross-Section Study [J] . The American Economic Review, 72 (3).

Samuelson L. , 2004. Information-based relative consumption effects [J]. Econometrica, 72 (1), 93 - 118.

Smeeding T. M. , 1986. Nonmoney income and the elderly: The case of the tweeners [J] . Journal of Policy Analysis and Management, 5 (4), 707 - 724.

Sudo N. , Sekiyama M. , Maharjan M. , Ohtsuka, R. , 2006. Gender differences in dietary intake among adults of Hindu communities in lowland Nepal: assessment of portion sizes and food consumption frequencies [J]. European Journal of Clinical Nutrition, 60 (4), 469 - 477.

Umberson D. , 1992. Gender, marital status and the social control of health behavior [J] . Social Science & Medicine, 34 (8), 907 - 917.

Yang Y. , Lee L. C. , 2009. Sex and Race Disparities in Health: Cohort Variations in Life Course Patterns [J] . Social Forces, 87 (4), 2093 - 2124.

附　　录

一、附图

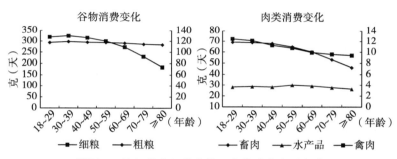

附图 1　按年龄分组的谷物、肉类消费水平变化

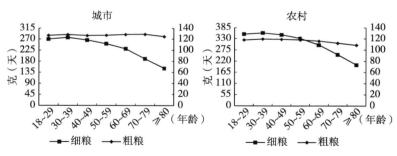

附图 2　城乡粗粮、细粮消费水平变化

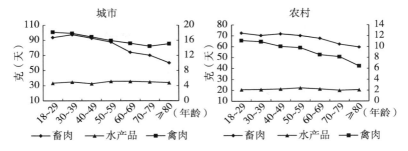

附图 3　城乡肉类消费水平变化

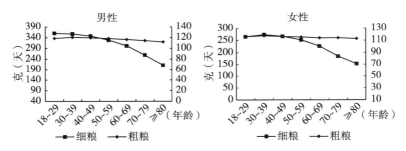

附图 4　男性、女性谷物消费水平变化

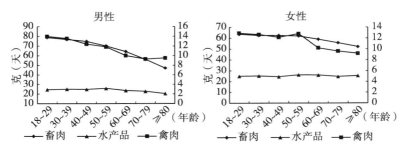

附图 5　男性、女性肉类消费水平变化

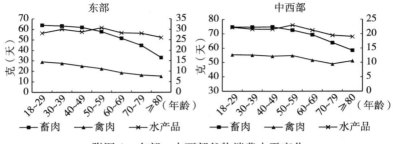

附图 6　东部、中西部谷物消费水平变化

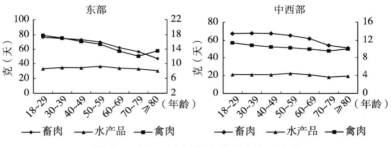

附图 7　中部、中西部肉类消费水平变化

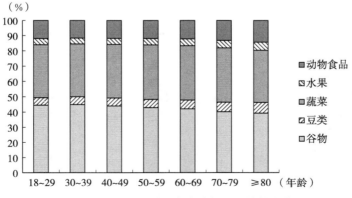

附图 8　不同年龄阶段各类食物消费结构变化

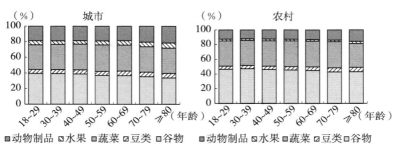

附图 9　不同年龄阶段城市和农村食物消费结构变化

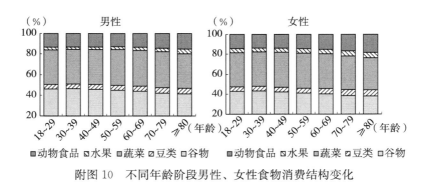

附图 10　不同年龄阶段男性、女性食物消费结构变化

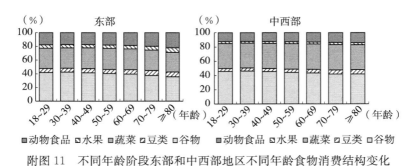

附图 11　不同年龄阶段东部和中西部地区不同年龄食物消费结构变化

二、附表

附表 1 不同年龄阶段城乡动物食品消费比例变化

年龄（岁）	城市					农村				
	畜肉	禽肉	奶制品	蛋类	水产品	畜肉	禽肉	奶制品	蛋类	水产品
18~29	49.05	9.51	9.20	14.76	17.48	56.81	8.72	2.14	16.19	16.14
30~39	49.48	9.06	8.69	15.05	17.71	56.61	8.80	2.04	15.80	16.75
40~49	48.81	8.91	10.07	15.01	17.19	56.71	7.95	2.19	16.37	16.79
50~59	45.10	8.20	12.00	16.28	18.42	55.43	7.74	2.78	16.47	17.58
60~69	43.16	7.38	15.40	16.84	17.22	55.13	6.95	3.77	16.77	17.39
70~79	39.14	7.74	18.69	17.77	16.66	51.63	6.75	6.60	18.39	16.63
≥80	33.81	8.49	22.61	18.15	16.95	51.06	5.53	8.68	17.17	17.56

注：作者根据 CHNS 数据整理而得。

附表 2　不同年龄阶段男性和女性动物食品消费比例变化

年龄（岁）	男性					女性				
	畜肉	禽肉	奶制品	蛋类	水产品	畜肉	禽肉	奶制品	蛋类	水产品
18~29	52.89	9.69	4.22	16.14	17.05	47.31	9.61	7.09	17.35	18.64
30~39	53.31	9.42	3.91	15.98	17.39	47.28	9.57	6.26	17.75	19.13
40~49	52.97	8.78	4.25	16.36	17.65	46.53	9.05	8.31	17.86	18.26
50~59	49.89	8.42	6.15	17.10	18.45	44.52	8.49	9.94	18.20	18.85
60~69	48.15	7.50	9.16	17.74	17.44	42.88	7.43	12.17	18.57	18.95
70~79	43.33	6.40	13.30	19.38	17.58	39.65	6.85	15.80	20.10	17.61
≥80	37.60	7.62	17.38	20.27	17.14	35.67	7.40	18.96	19.50	18.48

注：作者根据 CHNS 数据整理而得。

附表 3　不同年龄阶段东部和中西部动物消费比例变化

年龄（岁）	东部地区					中西部地区				
	畜肉	禽肉	奶制品	蛋类	水产品	畜肉	禽肉	奶制品	蛋类	水产品
18~29	42.67	10.20	9.87	18.32	18.94	54.87	9.27	2.95	15.81	17.10
30~39	42.39	9.81	9.34	18.61	19.85	55.47	8.88	2.61	15.93	17.11

（续）

年龄（岁）	东部地区					中西部地区				
	畜肉	禽肉	奶制品	蛋类	水产品	畜肉	禽肉	奶制品	蛋类	水产品
40~49	41.98	9.25	10.55	18.54	19.67	55.08	8.52	3.53	15.94	16.93
50~59	39.67	8.72	12.16	18.86	20.60	52.47	8.25	5.17	16.25	17.87
60~69	37.78	7.91	15.34	19.07	19.90	51.64	7.48	6.62	16.97	17.28
70~79	33.46	6.89	20.90	19.87	18.88	49.13	7.40	7.98	19.09	16.41
≥80	28.74	7.95	25.82	19.66	17.83	45.35	8.89	10.05	18.65	17.07

注：作者根据 CHNS 数据整理而得。

附表 4 计量结果

谷物	$X^g_{t,t+1}$	$X^c_{t,t+1}$	$X^t_{a,a+1}$	$\rho(X^g_{t,t+1}, X^c_{t,t+1})$	豆类	$X^g_{t,t+1}$	$X^c_{t,t+1}$	$X^t_{a,a+1}$	$\rho(X^g_{t,t+1}, X^c_{t,t+1})$
2000	-31.59	-49.16	-17.5		2000	-12.84	-14.97	-0.02	
2004	86.66	75.42	-11.69		2004	-16.01	-9.98	4.45	
2006	-120.3	-124.33	-0.47	1.00	2006	-22.83	-19.26	4.27	0.97
2009	98.22	61.29	-38.07		2009	8.92	6.74	-0.04	
2010	57.61	43.26	-10.96		2010	-4.39	1.29	5.36	

蔬菜	$X^g_{i,t+1}$	$X^c_{i,t+1}$	$X^t_{a,a+1}$	$\rho(X^g_{i,t+1}, X^c_{i,t+1})$
2000	-141.87	-142.33	-6，83	
2004	89.89	129.31	41.81	
2006	112.79	129.65	24.93	0.99
2009	-119.14	-106.61	3.99	
2010	-18.58	-26.57	-12.6	

畜肉	$X^g_{i,t+1}$	$X^c_{i,t+1}$	$X^t_{a,a+1}$	$\rho(X^g_{i,t+1}, X^c_{i,t+1})$
2000	72.15	71.47	0.68	
2004	27.47	31.31	0.66	
2006	29.95	23.03	-7.37	1.00
2009	14.63	22.38	8.43	
2010	59.63	73.75	12.16	

奶制品	$X^g_{i,t+1}$	$X^c_{i,t+1}$	$X^t_{a,a+1}$	$\rho(X^g_{i,t+1}, X^c_{i,t+1})$
2000	-14.45	-15.05	-3.81	
2004	17.31	12.4	-3.75	
2006	28.45	27.03	-14.21	0.98
2009	14.29	-20.52	-12.08	
2010	13.33	-10.08	-9.45	

水果	$X^g_{i,t+1}$	$X^c_{i,t+1}$	$X^t_{a,a+1}$	$\rho(X^g_{i,t+1}, X^c_{i,t+1})$
2000	39.01	28.96	-8.71	
2004	0.60	-5.97	-7.14	
2006	-38.88	-38.58	2.63	0.99
2009	34.26	16.23	-19.48	
2010	-33.48	-40.91	-10.99	

禽肉	$X^g_{i,t+1}$	$X^c_{i,t+1}$	$X^t_{a,a+1}$	$\rho(X^g_{i,t+1}, X^c_{i,t+1})$
2000	-24.11	-45.43	-9.76	
2004	17.31	10.02	-8.75	
2006	28.45	7.43	-4.95	0.99
2009	14.29	-15.18	-11.04	
2010	13.33	-9.8	-10.45	

蛋类	$X^g_{i,t+1}$	$X^c_{i,t+1}$	$X^t_{a,a+1}$	$\rho(X^g_{i,t+1}, X^c_{i,t+1})$
2000	-10.11	-15.43	-6.76	
2004	7.31	10.02	-7.42	
2006	10.45	9.43	-6.95	0.99
2009	10.29	-10.18	-9.04	
2010	9.33	-8.80	-10.11	

（续）

水产品	$X_{f,t+1}$	$X_{f,t+1}$	$X_{a,a+1}^t$	$\rho\,(X_{f,t+1},X_{f,t+1})$
2000	−24.11	−15.43	−7.53	
2004	17.31	11.16	−6.32	
2006	28.45	9.05	−4.15	0.98
2009	14.29	−3.66	−11.62	
2010	13.33	−7.63	−8.83	

注：数据源于作者计算。

附表 5　城乡交叉变量

变量	(1) 谷物	(2) 豆类	(3) 蔬菜	(4) 水果	(5) 畜肉	(6) 禽肉	(7) 奶制品	(8) 蛋类	(9) 水产品
30~39 岁	7.809***	1.543	2.626	−3.381***	−0.244	−0.348	−0.970*	−0.0379	0.488
	(2.493)	(0.997)	(2.753)	(1.226)	(1.008)	(0.454)	(0.520)	(0.507)	(0.713)
40~49 岁	−2.070	2.548**	8.296***	−1.097	1.200	−1.090**	−0.670	0.841	0.753
	(2.822)	(1.121)	(3.086)	(1.398)	(1.154)	(0.516)	(0.619)	(0.571)	(0.807)
50~59 岁	−21.28***	3.222***	2.783	−3.424**	0.359	−1.274**	−0.273	1.212**	2.000**
	(3.037)	(1.200)	(3.298)	(1.512)	(1.253)	(0.558)	(0.697)	(0.613)	(0.867)

（续）

变量	(1) 谷物	(2) 豆类	(3) 蔬菜	(4) 水果	(5) 畜肉	(6) 禽肉	(7) 奶制品	(8) 蛋类	(9) 水产品
60~69岁	-55.83***	2.872**	-16.84***	-5.716***	-1.668	-2.520***	0.808	1.229*	1.261
	(3.473)	(1.371)	(3.765)	(1.731)	(1.437)	(0.639)	(0.810)	(0.700)	(0.992)
70~79岁	-108.0***	6.024***	-38.26***	-4.698**	-6.573***	-2.773***	4.106***	2.881***	-0.0189
	(4.615)	(1.824)	(5.011)	(2.297)	(1.905)	(0.848)	(1.065)	(0.931)	(1.318)
≥80岁	-163.0***	1.605	-106.4***	-4.709	-8.905**	-2.563	6.613***	0.956	0.183
	(9.116)	(3.626)	(9.988)	(4.511)	(3.723)	(1.667)	(1.998)	(1.847)	(2.606)
家庭规模	3.352***	0.250	1.353**	-0.511*	-1.343***	0.193*	-0.194	-1.126***	-1.404***
	(0.577)	(0.228)	(0.625)	(0.287)	(0.238)	(0.106)	(0.128)	(0.116)	(0.165)
民族	-0.527	-3.381***	25.66***	3.449**	0.310	-0.201	0.716	0.225	1.831**
	(2.893)	(1.119)	(3.046)	(1.472)	(1.239)	(0.542)	(0.803)	(0.576)	(0.823)
受教育程度	-19.85***	2.535***	-10.96***	2.882***	6.436***	1.377***	1.045***	1.542***	2.336***
	(0.812)	(0.318)	(0.870)	(0.408)	(0.340)	(0.150)	(0.197)	(0.163)	(0.232)
健康状况	-13.05***	-2.258**	8.541***	3.252***	-1.716*	0.943**	0.407	-0.697	-2.019***
	(2.530)	(1.015)	(2.806)	(1.239)	(1.015)	(0.459)	(0.500)	(0.516)	(0.724)
婚姻状况	6.479**	0.981	12.43***	0.949	4.194***	0.739	-0.817	1.676***	3.350***
	(2.607)	(1.032)	(2.838)	(1.295)	(1.071)	(0.478)	(0.578)	(0.527)	(0.745)

（续）

变量	(1) 谷物	(2) 豆类	(3) 蔬菜	(4) 水果	(5) 畜肉	(6) 禽肉	(7) 奶制品	(8) 蛋类	(9) 水产品
社保情况	-8.833***	0.954	-6.656***	5.265***	15.34***	1.482***	-0.282	4.292***	1.474**
	(2.121)	(0.851)	(2.352)	(1.039)	(0.852)	(0.385)	(0.422)	(0.432)	(0.607)
城乡	-21.99	8.530	49.52***	14.78**	63.08***	1.660	-16.94***	17.86***	10.67***
	(14.41)	(5.729)	(15.78)	(7.128)	(5.882)	(2.634)	(3.148)	(2.919)	(4.118)
性别	75.96***	3.205***	29.48***	-6.516***	7.448***	0.720**	-1.151**	0.451	1.560***
	(1.875)	(0.726)	(1.977)	(0.953)	(0.802)	(0.351)	(0.515)	(0.374)	(0.534)
Ln收入	-4.904***	1.371***	-0.179	2.487***	4.829***	0.829***	0.622***	1.747***	1.916***
	(0.785)	(0.314)	(0.867)	(0.386)	(0.317)	(0.143)	(0.159)	(0.160)	(0.225)
30~39×城乡	-2.045	0.0538	-3.162	-3.378*	-6.732***	-0.441	3.111***	-2.129***	-2.158*
	(3.920)	(1.562)	(4.305)	(1.936)	(1.595)	(0.716)	(0.835)	(0.795)	(1.121)
40~49×城乡	4.239	-2.768	13.90***	8.538***	-12.25***	-1.269	8.317***	0.0438	0.0305
	(4.308)	(1.702)	(4.674)	(2.145)	(1.778)	(0.792)	(0.979)	(0.869)	(1.230)
50~59×城乡	21.40***	2.072	18.55***	12.45***	-18.28***	-2.354**	12.60***	-0.461	-2.979**
	(4.998)	(1.974)	(5.420)	(2.490)	(2.065)	(0.920)	(1.153)	(1.008)	(1.427)
60~69×城乡	36.84***	-4.805*	9.875	10.52***	-19.83***	-4.547***	15.02***	0.247	-2.142
	(6.571)	(2.597)	(7.133)	(3.272)	(2.712)	(1.208)	(1.513)	(1.326)	(1.876)

（续）

变量	(1) 谷物	(2) 豆类	(3) 蔬菜	(4) 水果	(5) 畜肉	(6) 禽肉	(7) 奶制品	(8) 蛋类	(9) 水产品
70～79×城乡	45.70***	−6.858	48.85***	7.164	−29.79***	−2.024	17.15***	1.067	−5.672
	(12.50)	(4.959)	(13.64)	(6.201)	(5.126)	(2.291)	(2.778)	(2.529)	(3.572)
家庭规模×城乡	−0.674	−2.730***	−7.267***	−5.757***	−2.477***	−0.157	−2.507***	−1.449***	0.682**
	(1.105)	(0.436)	(1.198)	(0.550)	(0.456)	(0.203)	(0.250)	(0.223)	(0.315)
民族×城乡	−37.28***	13.50***	−21.50***	−2.782	−0.0633	−2.668***	3.034**	3.960***	−3.702**
	(5.305)	(2.058)	(5.609)	(2.691)	(2.261)	(0.992)	(1.438)	(1.058)	(1.511)
教育×城乡	6.068***	−1.212**	5.595***	4.597***	−3.604***	−0.730***	4.439***	0.216	−0.835**
	(1.200)	(0.471)	(1.289)	(0.602)	(0.501)	(0.222)	(0.290)	(0.241)	(0.342)
健康×城乡	6.473*	0.0323	−0.936	5.442***	−1.580	−0.970	1.672**	0.953	0.487
	(3.927)	(1.575)	(4.354)	(1.925)	(1.578)	(0.712)	(0.787)	(0.800)	(1.124)
婚姻×城乡	−7.073*	−0.465	1.838	3.935*	−1.240	0.476	1.028	−0.334	1.450
	(4.124)	(1.633)	(4.488)	(2.050)	(1.697)	(0.757)	(0.932)	(0.833)	(1.178)
社保×城乡	3.105	1.730	−0.856	2.199	−8.777***	1.601***	1.713***	−2.990***	3.456***
	(3.257)	(1.305)	(3.606)	(1.598)	(1.311)	(0.591)	(0.657)	(0.663)	(0.932)
性别×城乡	−1.855	0.588	−6.745**	−9.343***	8.496***	1.410**	−6.738***	0.236	−0.267
	(3.097)	(1.204)	(3.284)	(1.568)	(1.316)	(0.578)	(0.830)	(0.618)	(0.882)

（续）

变量	(1) 谷物	(2) 豆类	(3) 蔬菜	(4) 水果	(5) 畜肉	(6) 禽肉	(7) 奶制品	(8) 蛋类	(9) 水产品
Ln收入×城乡	-0.00681	-0.255	-1.851	1.543**	-1.754***	0.747***	2.638***	-1.035***	-0.155
	(1.470)	(0.588)	(1.623)	(0.723)	(0.594)	(0.267)	(0.301)	(0.299)	(0.421)
时间	Yes	Yes	Yes	Yes	Yes	Yes	Yes	Yes	Yes
地区	Yes	Yes	Yes	Yes	Yes	Yes	Yes	Yes	Yes
常数项	419.2***	24.64***	259.5***	23.63***	-23.86***	-6.169***	28.71***	13.78***	-12.57***
	(9.123)	(3.630)	(10.00)	(4.513)	(3.725)	(1.668)	(2.022)	(1.849)	(2.608)
N	45,850	45,850	45,850	45,850	45,850	45,850	45,850	45,850	45,850
R^2	0.31	0.17	0.18	0.33	0.29	0.23	0.28	0.29	0.28

注：括号中为稳健的标准误差，*，**，*** 分别代表 10%，5%，1% 的水平上显著。

附表 6　性别交叉变量

变量	(1) 谷物	(2) 豆类	(3) 蔬菜	(4) 水果	(5) 畜肉	(6) 禽肉	(7) 奶制品	(8) 蛋类	(9) 水产品
30~39 岁	7.573***	1.584	2.892	-3.246***	-0.281	-0.343	-0.863	-0.0770	0.397
	(2.501)	(1.001)	(2.763)	(1.234)	(1.013)	(0.455)	(0.526)	(0.509)	(0.715)

（续）

变量	(1) 谷物	(2) 豆类	(3) 蔬菜	(4) 水果	(5) 畜肉	(6) 禽肉	(7) 奶制品	(8) 蛋类	(9) 水产品
40~49 岁	-0.106	2.736**	11.81***	0.184	0.233	-0.911	2.008***	0.454	-0.519
	(3.112)	(1.238)	(3.408)	(1.545)	(1.273)	(0.569)	(0.686)	(0.630)	(0.889)
50~59 岁	-13.86***	3.995***	11.54***	3.687**	-1.721	-1.434**	4.858***	1.753**	2.131**
	(3.398)	(1.344)	(3.693)	(1.697)	(1.403)	(0.624)	(0.784)	(0.686)	(0.969)
60~69 岁	-38.98***	6.662***	-6.388	1.253	-5.026***	-3.110***	7.810***	1.984**	0.939
	(3.912)	(1.546)	(4.247)	(1.956)	(1.618)	(0.719)	(0.916)	(0.789)	(1.115)
70~79 岁	-80.09***	7.120***	-36.53***	4.439*	-8.603***	-3.810***	13.32***	4.719***	-0.738
	(5.111)	(2.023)	(5.558)	(2.552)	(2.111)	(0.938)	(1.189)	(1.032)	(1.458)
≥80 岁	-115.7***	4.385	-75.17***	-4.851	-15.20***	-3.258*	17.25***	1.378	-1.979
	(9.720)	(3.858)	(10.62)	(4.838)	(3.992)	(1.780)	(2.190)	(1.966)	(2.774)
家庭规模	2.958***	-0.277	-0.369	-2.264***	-1.873***	0.0490	-1.037***	-1.336***	-1.025***
	(0.693)	(0.274)	(0.752)	(0.347)	(0.287)	(0.127)	(0.157)	(0.140)	(0.198)
民族	-7.607**	-0.445	18.90***	5.077***	-0.0472	-1.148*	2.502**	1.105	0.748
	(3.479)	(1.346)	(3.665)	(1.777)	(1.490)	(0.650)	(0.975)	(0.691)	(0.986)
受教育程度	-18.38***	2.648***	-8.566***	6.904***	4.765***	1.193***	3.999***	1.890***	1.825***
	(0.852)	(0.334)	(0.914)	(0.429)	(0.357)	(0.158)	(0.210)	(0.171)	(0.242)

（续）

变量	(1) 谷物	(2) 豆类	(3) 蔬菜	(4) 水果	(5) 畜肉	(6) 禽肉	(7) 奶制品	(8) 蛋类	(9) 水产品
健康状况	−10.04***	−0.820	9.115***	7.470***	−2.162**	0.686	1.161**	0.379	−1.912**
	(2.663)	(1.069)	(2.955)	(1.309)	(1.071)	(0.483)	(0.535)	(0.543)	(0.762)
婚姻状况	17.16***	1.790	20.43***	2.832**	5.998***	1.081**	0.223	1.299**	3.018***
	(2.874)	(1.136)	(3.122)	(1.435)	(1.187)	(0.528)	(0.662)	(0.580)	(0.819)
社保情况	−11.45***	1.101	−7.550***	6.560***	10.21***	1.665***	0.0403	2.692***	2.866***
	(2.326)	(0.933)	(2.578)	(1.145)	(0.938)	(0.422)	(0.470)	(0.474)	(0.666)
城乡	−43.40***	6.262***	2.217	18.73***	20.26***	4.854***	13.90***	4.922***	8.816***
	(1.653)	(0.642)	(1.752)	(0.841)	(0.703)	(0.308)	(0.450)	(0.329)	(0.469)
性别	105.5***	5.326	50.67***	5.770	−7.944	−5.578**	4.722*	−0.293	−0.603
	(12.57)	(4.999)	(13.77)	(6.238)	(5.139)	(2.296)	(2.760)	(2.546)	(3.589)
Ln收入	−3.680***	1.235***	0.577	3.444***	3.022***	0.649***	1.604***	1.396***	1.753***
	(0.936)	(0.375)	(1.034)	(0.462)	(0.379)	(0.170)	(0.192)	(0.190)	(0.268)
30~39×性别	−4.669	0.00361	−6.816*	−2.964	−2.451*	−0.617	−2.460***	−0.491	0.899
	(3.645)	(1.453)	(4.004)	(1.805)	(1.485)	(0.665)	(0.779)	(0.740)	(1.041)
40~49×性别	−10.28**	−2.482	−4.345	−4.979**	−4.643***	−0.506	−2.783***	−0.834	−0.655
	(4.058)	(1.602)	(4.397)	(2.029)	(1.679)	(0.746)	(0.933)	(0.818)	(1.157)

（续）

变量	(1) 谷物	(2) 豆类	(3) 蔬菜	(4) 水果	(5) 畜肉	(6) 禽肉	(7) 奶制品	(8) 蛋类	(9) 水产品
50~59×性别	−14.32***	−4.235**	−2.188	−0.0940	−6.940***	−0.566	−2.166*	−1.377	−2.114
	(4.807)	(1.897)	(5.207)	(2.406)	(1.992)	(0.884)	(1.125)	(0.968)	(1.370)
60~69×性别	−17.79***	−3.873	9.391	−3.815	−11.29***	−1.551	−2.683*	−2.741**	−0.938
	(6.494)	(2.567)	(7.050)	(3.246)	(2.685)	(1.193)	(1.510)	(1.310)	(1.851)
70~79×性别	−38.17***	−8.386*	−4.509	10.68*	−13.56***	−0.0386	−2.112	0.741	−1.956
	(12.61)	(5.003)	(13.76)	(6.277)	(5.180)	(2.309)	(2.832)	(2.550)	(3.598)
家庭规模×性别	0.722	−0.398	−0.182	0.415	0.0127	0.192	0.259	−0.299	−0.413
	(0.957)	(0.378)	(1.036)	(0.478)	(0.396)	(0.176)	(0.218)	(0.193)	(0.273)
民族×性别	−1.184	0.576	6.725	−2.290	−0.155	0.555	−0.643	0.254	0.244
	(4.511)	(1.744)	(4.746)	(2.308)	(1.936)	(0.843)	(1.273)	(0.896)	(1.279)
教育×性别	3.341***	−0.893**	0.928	−2.956***	−0.122	−0.156	−1.240***	−0.533**	0.305
	(1.152)	(0.452)	(1.238)	(0.580)	(0.482)	(0.213)	(0.282)	(0.231)	(0.328)
健康×性别	−0.451	−2.919*	−1.533	−4.091**	−0.721	−0.391	−0.171	−1.433*	0.136
	(3.865)	(1.551)	(4.288)	(1.900)	(1.556)	(0.701)	(0.778)	(0.788)	(1.106)
婚姻×性别	−24.48***	−1.522	−16.28***	−1.329	−4.132**	−0.282	−1.247	0.545	2.059*
	(4.039)	(1.601)	(4.400)	(2.014)	(1.663)	(0.740)	(0.915)	(0.816)	(1.152)

（续）

变量	(1) 谷物	(2) 豆类	(3) 蔬菜	(4) 水果	(5) 畜肉	(6) 禽肉	(7) 奶制品	(8) 蛋类	(9) 水产品
社保×性别	7.220**	0.829	1.841	-1.347	4.951***	0.687	-0.415	1.255**	-0.422
	(2.929)	(1.176)	(3.249)	(1.440)	(1.179)	(0.531)	(0.590)	(0.597)	(0.838)
Ln收入×性别	-1.781	0.371	-1.823	-0.681	2.610***	0.707***	-0.448*	0.259	0.190
	(1.294)	(0.518)	(1.430)	(0.638)	(0.523)	(0.235)	(0.265)	(0.263)	(0.370)
时间	Yes	Yes	Yes	Yes	Yes	Yes	Yes	Yes	Yes
地区	Yes	Yes	Yes	Yes	Yes	Yes	Yes	Yes	Yes
常数项	404.2***	23.72***	256.1***	14.01***	-4.698	-3.296*	17.23***	16.86***	-10.88***
	(10.54)	(4.194)	(11.55)	(5.234)	(4.313)	(1.926)	(2.355)	(2.136)	(3.010)
N	45 850	45 850	45 850	45 850	45 850	45 850	45 850	45 850	45 850
R²	0.30	0.17	0.19	0.30	0.29	0.24	0.28	0.28	0.28

注：括号中为稳健的标准误差。*、**、*** 分别代表在 10%、5%、1% 的水平上显著。

附表7　地区交叉变量

变量	(1) 谷物	(2) 豆类	(3) 蔬菜	(4) 水果	(5) 畜肉	(6) 禽肉	(7) 奶制品	(8) 蛋类	(9) 水产品
30~39岁	7.487***	1.381	3.030	-3.244***	-0.401	-0.391	-0.787	-0.0165	0.675
	(2.495)	(0.998)	(2.753)	(1.230)	(1.011)	(0.454)	(0.523)	(0.507)	(0.713)
40~49岁	-4.919*	2.636**	3.208	-0.672	-0.449	-0.880*	0.460	0.133	0.343
	(2.830)	(1.124)	(3.089)	(1.404)	(1.160)	(0.518)	(0.625)	(0.573)	(0.807)
50~59岁	-20.91***	2.926**	3.999	-0.0769	-2.85**	-1.171**	2.305***	0.927	1.757**
	(3.035)	(1.199)	(3.288)	(1.513)	(1.255)	(0.557)	(0.702)	(0.612)	(0.864)
60~69岁	-57.55***	4.73***	-20.5***	-2.39	-6.37***	-2.49***	3.58***	0.97	0.196
	(3.455)	(1.364)	(3.740)	(1.724)	(1.431)	(0.635)	(0.810)	(0.696)	(0.983)
70~79岁	-105.6***	6.03***	-50.6***	-3.921*	-11.7***	-3.987***	4.524***	2.53***	-1.704
	(4.450)	(1.759)	(4.824)	(2.219)	(1.841)	(0.817)	(1.036)	(0.897)	(1.267)
≥80岁	-153.9***	2.693	-96.8***	-8.614**	-17.54***	-1.536	6.314***	1.425	-1.614
	(8.133)	(3.226)	(8.863)	(4.040)	(3.342)	(1.489)	(1.819)	(1.644)	(2.318)
家庭规模	1.131*	-0.259	1.182*	-0.969***	-2.112***	0.0703	-0.610***	-1.15***	-0.843***
	(0.598)	(0.236)	(0.648)	(0.298)	(0.246)	(0.110)	(0.133)	(0.121)	(0.170)
民族	-12.01***	2.036*	26.99***	1.173	1.620	0.0341	1.160	1.99***	-0.230
	(3.087)	(1.193)	(3.237)	(1.573)	(1.325)	(0.577)	(0.860)	(0.612)	(0.873)

（续）

变量	(1) 谷物	(2) 豆类	(3) 蔬菜	(4) 水果	(5) 畜肉	(6) 禽肉	(7) 奶制品	(8) 蛋类	(9) 水产品
受教育程度	-19.51***	3.262***	-10.7***	4.383***	5.647***	1.054***	2.126***	1.60***	1.613***
	(0.765)	(0.299)	(0.817)	(0.385)	(0.321)	(0.141)	(0.188)	(0.153)	(0.217)
健康状况	-5.652**	-2.20**	8.33***	3.373***	-4.07***	-0.184	0.294	-0.334	-1.529**
	(2.470)	(0.991)	(2.739)	(1.213)	(0.994)	(0.448)	(0.492)	(0.504)	(0.707)
婚姻状况	6.960***	-0.511	13.36***	1.483	3.95***	0.800*	-0.487	1.788***	3.149***
	(2.515)	(0.995)	(2.731)	(1.252)	(1.037)	(0.461)	(0.565)	(0.508)	(0.716)
社保情况	-6.061***	2.023**	-5.08**	6.846***	14.01***	2.062***	0.317	3.25***	1.978***
	(2.113)	(0.847)	(2.340)	(1.039)	(0.852)	(0.384)	(0.426)	(0.431)	(0.604)
城乡	-43.97***	6.50***	1.169	18.19***	20.43***	4.947***	13.47***	4.89***	8.667***
	(1.659)	(0.644)	(1.752)	(0.842)	(0.707)	(0.309)	(0.447)	(0.330)	(0.470)
性别	75.54***	1.774**	26.56***	-6.844***	9.48***	0.843**	-2.677***	0.0580	1.450***
	(1.869)	(0.723)	(1.963)	(0.951)	(0.801)	(0.349)	(0.517)	(0.371)	(0.529)
Ln收入	-3.143***	1.557***	-2.094**	2.659***	3.65***	0.895***	0.952***	1.264***	1.234***
	(0.803)	(0.321)	(0.886)	(0.395)	(0.324)	(0.146)	(0.163)	(0.163)	(0.229)
30~39×地区	7.676**	-0.925	16.43***	-2.453	-1.991	-1.075	1.191	0.325	-0.194
	(3.881)	(1.546)	(4.258)	(1.919)	(1.581)	(0.708)	(0.827)	(0.787)	(1.108)

（续）

变量	(1) 谷物	(2) 豆类	(3) 蔬菜	(4) 水果	(5) 畜肉	(6) 禽肉	(7) 奶制品	(8) 蛋类	(9) 水产品
40~49×地区	5.926	-1.761	15.61***	2.142	-4.10**	-1.617**	3.119***	1.078	0.824
	(4.290)	(1.694)	(4.642)	(2.140)	(1.775)	(0.788)	(0.980)	(0.864)	(1.221)
50~59×地区	27.89***	-1.632	32.51***	6.908***	-6.56***	-2.654***	7.247***	0.710	-0.524
	(5.003)	(1.974)	(5.409)	(2.498)	(2.074)	(0.920)	(1.164)	(1.008)	(1.424)
60~69×地区	38.27***	-3.316	44.19***	12.34***	-7.95***	-1.962	17.35***	1.517	1.344
	(6.652)	(2.628)	(7.205)	(3.318)	(2.753)	(1.222)	(1.543)	(1.341)	(1.894)
70~79×地区	36.84***	-8.031	41.42***	21.36***	-13.44**	-4.605**	23.21***	0.686	-3.789
	(12.75)	(5.053)	(13.88)	(6.339)	(5.245)	(2.336)	(2.860)	(2.576)	(3.634)
家庭规模×地区	6.716***	-0.695	-5.47***	-3.687***	0.804*	0.232	-1.065***	-1.08***	-1.282***
	(1.078)	(0.425)	(1.166)	(0.538)	(0.446)	(0.198)	(0.244)	(0.217)	(0.307)
民族×地区	13.07**	-8.36***	-17.1***	10.31***	-6.219**	-3.078***	3.724**	-2.667**	4.271**
	(5.887)	(2.285)	(6.213)	(2.988)	(2.511)	(1.097)	(1.602)	(1.171)	(1.668)
教育×地区	6.33***	-2.93***	6.21***	2.52***	-2.96***	0.0751	3.07***	-0.0120	0.926***
	(1.212)	(0.475)	(1.298)	(0.609)	(0.508)	(0.224)	(0.296)	(0.243)	(0.344)
健康×地区	-12.19***	0.0279	-1.744	5.17***	4.209***	1.893***	1.802**	-0.0621	-0.938
	(3.996)	(1.603)	(4.429)	(1.962)	(1.609)	(0.725)	(0.804)	(0.815)	(1.143)

（续）

变量	(1) 谷物	(2) 豆类	(3) 蔬菜	(4) 水果	(5) 畜肉	(6) 禽肉	(7) 奶制品	(8) 蛋类	(9) 水产品
婚姻×地区	−10.34**	3.874**	−2.353	1.962	−0.911	0.530	−0.265	−1.000	2.142*
	(4.274)	(1.692)	(4.645)	(2.127)	(1.762)	(0.784)	(0.969)	(0.863)	(1.218)
社保×地区	−3.760	−2.74**	0.0693	−0.779	−4.60***	−0.158	0.0114	0.605	2.967***
	(3.233)	(1.298)	(3.587)	(1.587)	(1.301)	(0.586)	(0.645)	(0.660)	(0.925)
性别×地区	−2.026	4.29***	−1.452	−10.46***	3.64***	1.198**	−4.16***	1.042*	0.0536
	(3.111)	(1.207)	(3.282)	(1.579)	(1.326)	(0.580)	(0.842)	(0.619)	(0.881)
Ln收入×地区	−5.14***	−0.615	5.78***	1.581**	2.07***	0.329	1.50***	0.88***	2.20***
	(1.426)	(0.570)	(1.571)	(0.702)	(0.577)	(0.259)	(0.292)	(0.290)	(0.407)
时间	Yes	Yes	Yes	Yes	Yes	Yes	Yes	Yes	Yes
地区	Yes	Yes	Yes	Yes	Yes	Yes	Yes	Yes	Yes
常数项	427.6***	42.9***	229.9***	7.245	−13.68**	−7.636***	3.352	14.07***	−33.41***
	(13.46)	(5.349)	(14.71)	(6.678)	(5.517)	(2.462)	(2.996)	(2.725)	(3.839)
N	45 850	45 850	45 850	45 850	45 850	45 850	45 850	45 850	45 850
R^2	0.30	0.17	0.19	0.32	0.29	0.23	0.28	0.27	0.27

注：括号中为稳健的标准误差。*、**、*** 分别代表在 10%、5%、1% 的水平上显著。

附表 8　样本总体 OLS 估计

变量	(1) 谷物	(2) 豆类	(3) 蔬菜	(4) 水果	(5) 畜肉	(6) 禽肉	(7) 奶制品	(8) 蛋类	(9) 水产品
30~39 岁	7.36***	1.573*	2.246	-3.49***	-0.252	-0.317	-0.935*	-0.0415	0.526
	(2.495)	(0.997)	(2.754)	(1.232)	(1.011)	(0.453)	(0.525)	(0.507)	(0.713)
40~49 岁	-2.765	2.65***	7.68***	-1.683	-0.973	-1.172**	1.647**	0.218	0.093
	(2.541)	(1.008)	(2.776)	(1.264)	(1.043)	(0.464)	(0.568)	(0.514)	(0.724)
50~59 岁	-19.6***	2.623**	8.43***	0.724	-4.19***	-1.68***	3.27***	1.32**	1.98***
	(2.686)	(1.062)	(2.920)	(1.341)	(1.109)	(0.492)	(0.622)	(0.541)	(0.765)
60~69 岁	-47.44***	4.29***	-8.63***	1.65*	-8.81***	-3.40***	6.41***	1.27**	0.068
	(2.963)	(1.170)	(3.218)	(1.081)	(1.226)	(0.544)	(0.697)	(0.597)	(0.844)
70~79 岁	-91.72***	4.79***	-32.94***	1.733*	-14.90***	-4.633***	11.51***	3.28***	-0.927*
	(3.656)	(1.444)	(3.971)	(1.127)	(1.512)	(0.671)	(0.860)	(0.737)	(0.541)
≥80 岁	-139.4***	-0.798	-79.93***	0.388	-23.02***	-3.13***	15.59***	1.912	-1.01**
	(6.433)	(2.547)	(7.013)	(3.205)	(2.646)	(1.177)	(1.458)	(1.299)	(0.533)
家庭规模	3.23***	-0.48**	-0.483	-2.06***	-1.85***	0.15*	-0.92***	-1.48***	-1.21***
	(0.501)	(0.198)	(0.543)	(0.250)	(0.207)	(0.0918)	(0.113)	(0.101)	(0.143)
民族	-8.37***	-0.122	22.17***	3.99***	-0.04	-0.84*	2.13***	1.24**	0.84
	(2.639)	(1.021)	(2.785)	(1.347)	(1.130)	(0.492)	(0.736)	(0.524)	(0.747)

（续）

变量	(1) 谷物	(2) 豆类	(3) 蔬菜	(4) 水果	(5) 畜肉	(6) 禽肉	(7) 奶制品	(8) 蛋类	(9) 水产品
受教育程度	−17.03***	2.14***	−8.21***	5.40***	4.54***	1.10***	3.32***	1.60***	1.97***
	(0.609)	(0.238)	(0.653)	(0.307)	(0.255)	(0.112)	(0.150)	(0.122)	(0.173)
健康状况	−10.29***	−2.21***	8.20***	5.57***	−2.49***	0.522	1.13***	−0.285	−1.83***
	(1.947)	(0.780)	(2.158)	(0.957)	(0.784)	(0.353)	(0.391)	(0.397)	(0.557)
婚姻状况	3.912*	0.740	12.9***	2.133**	3.57***	0.88**	−0.551	1.51***	3.92***
	(2.107)	(0.833)	(2.293)	(1.050)	(0.867)	(0.386)	(0.474)	(0.425)	(0.600)
社保情况	−8.17***	1.54**	−6.43***	5.76***	12.57***	2.02***	−0.12	3.33***	2.66***
	(1.786)	(0.715)	(1.976)	(0.879)	(0.721)	(0.324)	(0.361)	(0.363)	(0.510)
城乡	−43.09***	6.28***	1.714	18.73***	20.24***	4.85***	13.98***	4.90***	8.80***
	(1.653)	(0.641)	(1.751)	(0.841)	(0.704)	(0.307)	(0.450)	(0.329)	(0.468)
性别	74.59***	3.32***	26.13***	−10.71***	10.91***	1.29***	−4.18***	0.465	1.56***
	(1.500)	(0.581)	(1.585)	(0.765)	(0.640)	(0.279)	(0.413)	(0.298)	(0.425)
Ln收入	−4.57***	1.42***	−0.27	4.15***	3.32***	0.98***	1.39***	1.52***	1.83***
	(0.686)	(0.274)	(0.756)	(0.338)	(0.277)	(0.125)	(0.140)	(0.139)	(0.196)
时间	Yes	Yes	Yes	Yes	Yes	Yes	Yes	Yes	Yes
地区	Yes	Yes	Yes	Yes	Yes	Yes	Yes	Yes	Yes

（续）

变量	(1) 谷物	(2) 豆类	(3) 蔬菜	(4) 水果	(5) 畜肉	(6) 禽肉	(7) 奶制品	(8) 蛋类	(9) 水产品
常数项	421.4***	25.30***	269.13***	22.28***	−13.14***	−6.58***	21.94***	16.71***	−11.73***
	(8.410)	(3.342)	(9.214)	(4.176)	(3.442)	(1.535)	(1.895)	(1.702)	(2.398)
N	45 911	45 911	45 911	45 911	45 911	45 911	45 911	45 911	45 911
Adj-R^2	0.31	0.18	0.16	0.20	0.20	0.34	0.22	0.23	0.26

注：括号中为稳健的标准误差，*、**、***分别代表在10%、5%、1%的水平上显著。

致　　谢

　　毕业论文即将尘埃落定，我在中国农业大学4年的博士求学生涯也即将结束。曾经无数次设想当自己最后完成博士论文终稿时是什么心情。此刻提笔，心中百感交集。博士期间的生活历历在目，有过迷茫、有过艰辛，但更多的是柳暗花明后的喜悦和收获成功的快乐。禁不住感叹时光飞逝，憧憬着自己穿上博士学士服的时刻，却也留恋这作为学生的最后时光。

　　首先，要感谢我的导师何秀荣教授。何老师不仅在农业经济理论与政策研究领域内具有深刻、独到的见解，而且严谨的治学态度、敏锐的洞察力以及对学生的谆谆教诲、爱护之情深深打动了我。在过去4年的学习生活中，在学习方面，何老师重视对我宏观思维、国际视角分析问题能力的培养，使我重新认识了学术研究的意义，使我明白学术科研并非是把简单问题变得"艰难晦涩"，而更应该是该研究领域的"外行人"能明白；做学问需要善于发现问题，对问题的思考要从我国现实出发，不能脱离实际，更应该在国际视角下思考问题。在生活方面，何老师以豁达的生活态度提点我应正视挫折，在我焦灼困顿时给予极大的鼓励；以淡泊名利的平常之心告诉我做人做事要谦虚踏实，待人接物需不卑不亢。在博士论文撰写过程中，何老师不光从总体上对框架结构、研究思路与意义等方面进行把握，而且对于论文中许多细节问题提出相应建议，每一次的讨论都让我对所研究问题的认识更为深刻，思路更为清楚。正是这些建议，使论文更加完善，使得论文能够如期顺利完成。博士期间何老师为了培养我付出了很多心血，虽然由于知识储备等自身原因，很多道理只能领悟其中一二，但我相信4年所学将使我受益终生。谨此在论文完成之际，对何老师致以我深深的感激之情。

其次，也要衷心地感谢李秉龙、武拉平和辛贤等老师对我的辛勤授业；感谢武拉平、张丽琴、林万龙老师在论文开题时对论文选题、研究框架和研究内容安排方面提出的宝贵建议；感谢白军飞、秦富、王秀清、陈永福、田维明老师以及匿名专家在论文预答辩和外审期间给出的中肯建议；另外还要感谢学院陈琰、王尧、方芳等老师，他们时刻关心着经管学院研究生的学习和生活。

再次，感谢我在中国农业大学4年相遇的同学和朋友们。学校的生活中他们给了我极大的帮助，在我沮丧、情绪低落时为我分忧。尤其要感谢舒畅、季柯辛、杨园争、韩丽敏同学，在博士期间因小论文发表遇到困难时，他们给予我无私的帮助和鼓励；也正是有了他们的帮助和鼓励，最终论文顺利发表。同时，也要感谢师姐杨树果，在我对论文失去信心时通过电话给予我不尽的鼓励，其间同门王茵也给予我莫大的关怀。

要感谢我的家人，我的父母和我的爱人。求学至今，感谢母亲给予我数不尽的关怀，母亲殷切的盼望永远是我前进的动力。感谢丈夫夏兴在我论文撰写期间的关爱、包容和支持。

最后，谨以此文献给所有关心和帮助过我的人。

邓婷鹤

2017年6月于中国农业大学东校区

个人简介

　　邓婷鹤，女，汉族，1988 年 10 月出生，山西省太原人。2007 年 9 月至 2011 年 6 月就读于中国矿业大学徐海学院市场营销专业，获得管理学学士学位；2011 年 9 月至 2013 年 6 月就读于内蒙古农业大学农村与区域发展专业，获得管理学硕士学位；2013 年 9 月至 2017 年 6 月就读于中国农业大学农业经济管理专业，获得管理学博士学位，师从何秀荣教授，研究方向为农业经济理论与政策，读博期间，主持并参与课题 4 项，发表学术论文 9 篇。

攻读博士期间主持、参与的科研项目：

［1］中国农业大学研究生科研创新专项项目："老龄化对食物消费的影响"（2016RW001），主持人

［2］中国农业大学研究生科研创新专项项目："经济增长过程中教育人力资本、食物消费和健康人力资本变动关系的研究"，主要参与人

［3］农业部农垦局热作处委托研究课题"主要热作产品进出口监测及政策研究"，主要参与人

［4］农业农村资源监测统计工作项目："油脂油料市场、贸易及政策研究"，主要参与人

攻读博士期间发表的学术论文：

［1］邓婷鹤，何秀荣．"退休对男性老年人健康的影响——基于断点回归的实证研究"，人口与经济（CSSCI），2016 年第 6 期，82 - 91 页

［2］邓婷鹤，何秀荣，王佳友．"居住模式对老人福利的影响：基于代际关系视角——来自我国老人膳食质量的证据"，财经研究（CSSCI），

2016 年第 12 期，49‐59 页

［3］邓婷鹤，何秀荣，白军飞．"退休——消费"之谜——基于家庭生产对消费下降的解释"，南方经济（CSSCI），2016 年第 5 期，1‐16 页

［4］邓婷鹤．"再议"退休消费之谜"——来自食物消费的证据"，经济与管理评论，2016 年第 4 期，144‐151 页

［5］邓婷鹤．"世界油料、油脂供需及贸易格局分析"，中国油脂（CSCD），2015 年第 9 期，1‐6 页

［6］邓婷鹤．"2014 年中国热作产品贸易及未来展望"，农业展望，2015 年第 4 期，66‐71，75 页

［7］王莉，邓婷鹤．"2014 年我国热作产品进出口贸易情况分析"，中国热带农业，2015 年第 2 期，4‐7 页

［8］Tinghe Deng. Qihui Chen，Junfei Bai 和 Xiurong He，"Examining the Retirement-Consumption Puzzle Through the Lens of Food Consumption-Evidence from Urban China"，2015 第七届 CAER-IFPRI 国际学术年会，会议论文，并上会英文汇报

［9］Tinghe Deng. Qihui Chen，Junfei Bai 和 Xiurong He，"Understanding the Retirement-Consumption Puzzle through the Lens of Food Consumption-Fuzzy Regression-Discontinuity Evidence from Urban China"，Food Policy（SCI）（审稿中）

攻读博士期间获得荣誉情况：

［1］2013.09—2014.09　获得中国农业大学：二等奖学金

［2］2014.09—2015.09　获得中国农业大学：一等奖学金

［3］2015.09—2016.09　获得中国农业大学：一等奖学金

图书在版编目（CIP）数据

人口老龄化进程中的食物消费变化研究：基于CHNS问卷调查／邓婷鹤著．—北京：中国农业出版社，2020.5
ISBN 978-7-109-26386-4

Ⅰ．①人… Ⅱ．①邓… Ⅲ．①人口老龄化－影响－食物－消费－研究－中国 Ⅳ．①F126.1

中国版本图书馆CIP数据核字（2019）第295230号

中国农业出版社出版
地址：北京市朝阳区麦子店街18号楼
邮编：100125
责任编辑：李昕昱　文字编辑：吴小雯
版式设计：王　怡　责任校对：吴丽婷
印刷：北京印刷一厂
版次：2020年5月第1版
印次：2020年5月北京第1次印刷
发行：新华书店北京发行所
开本：850mm×1168mm　1/32
印张：7.75
字数：200千字
定价：25.00元